# DESCRIPTION DE PARIS

## PAR THOMAS PLATTER LE JEUNE

### DE BALE

(1599)

Extrait des *Mémoires de la Société de l'Histoire de Paris
et de l'Ile-de-France*, t. XXIII (1896).

# DESCRIPTION
# DE PARIS

PAR

## THOMAS PLATTER LE JEUNE

DE BALE

(1599)

TRADUCTION DE L'ALLEMAND

PAR

## L. SIEBER

ACHEVÉE PAR MM. WEIBEL

AVEC NOTES DE

## E. MAREUSE

PARIS

1896

# DESCRIPTION DE PARIS

## PAR THOMAS PLATTER LE JEUNE

### DE BALE

(1599).

Thomas Platter junior, né le 24 juillet 1574, mort le 5 décembre 1628, fils du célèbre imprimeur et directeur du gymnase de Bâle, partit en 1595 pour se rendre à Montpellier; il n'en revint qu'en 1600, après avoir voyagé en Espagne, en France, en Angleterre et en Hollande. De retour à Bâle, il fut reçu docteur en médecine et acquit une grande réputation dans l'enseignement et la pratique de l'art médical. Dans le courant des années 1604 et 1605, Thomas Platter rédigea, en dialecte bâlois, la relation de ses voyages, en l'accompagnant de dessins de monuments, de plans et de cartes. Cette relation autographe forme deux volumes de 1,608 feuillets, et est aujourd'hui conservée à la bibliothèque de l'Université de Bâle, sous la cote A. λ. V, 7 et 8[1].

Le commencement du manuscrit, comprenant le voyage de Bâle à Montpellier, a été publié en allemand dans le *Basler Jahrbuch* de 1879 (p. 13-69); les pages relatives au séjour de Platter à Genève se trouvent traduites dans les *Mémoires et documents publiés par la Société d'histoire et d'archéologie de Genève*, tome XX. Le récit de sa visite à Nîmes et de son excursion au pont du Gard (février 1596) a été inséré dans les *Mémoires de l'Académie de Nîmes*, année 1879, précédée d'une lettre du traducteur, M. Jules Bonnet. Enfin M. de Félice a publié, dans les *Mémoires de la Société archéologique et historique de l'Orléanais*, tome XVII (1880), la portion du journal de Thomas Platter qui concerne son séjour à Orléans. Pour tout

---

1. La description de Paris commence au folio 475 pour se terminer au folio 528; les descriptions de Saint-Denis et de Saint-Germain vont du folio 770 au fol. 781. — Platter est reparti pour Bâle le 9/19 janvier 1600.

ce qui est relatif au père de l'auteur du journal, Thomas Platter, senior, je renvoie au livre intitulé : *la Vie de Thomas Platter, écrite par lui-même*, traduite par M. Édouard Fick, de Genève. Sur le frère aîné du jeune voyageur, on peut consulter les *Mémoires de Félix Platter*, médecin bâlois, également traduits par M. Ed. Fick[1]. Leurs deux autobiographies, en allemand, ont été publiées, d'après les manuscrits autographes de la bibliothèque de l'Université de Bâle, dans un volume intitulé : *Thomas und Felix Platter*. Zur Sittengeschichte des XVI. Jahrhunderts, bearbeitet von Heinrich Boos (Leipzig, 1878, gr. in-8°). On trouvera enfin une courte notice biographique relative à Thomas Platter jeune (une seule page) dans le livre intitulé : *Athenae Rauricae, sive Catalogus professorum academiae Basiliensis ab a. 1460 ad a. 1778* (Basileae, 1778, in-8°), p. 187.

L. SIEBER[2].


## PARIS[3].


Si cette ville doit son nom à un nommé Paris[4], il ne s'agit pas du défenseur de Troie, mais d'un Français (un Gaulois) nommé Dis, qui vécut au moins deux cents ans avant le célèbre Troyen.

---

1. Genève, 1866, in-8° (Paris, Aubry).

2. Notre regretté confrère M. Louis Sieber, ancien bibliothécaire de l'Université de Bâle, avait entrepris, pour nos *Mémoires*, la traduction de cette description de Paris, écrite en dialecte bâlois. Lorsque j'ai eu l'honneur de lui être présenté, en 1891, pendant une visite faite dans le nord-ouest de la Suisse par la Société française d'archéologie, M. Sieber m'avait demandé de vouloir bien, lorsqu'elle serait achevée, revoir sa traduction et y ajouter quelques notes. Quelques semaines plus tard, notre confrère s'éteignait sans avoir pu terminer son travail. Je me suis alors adressé à MM. Weibel, de Colmar, qui ont bien voulu achever la traduction commencée; je suis heureux de les en remercier ici au nom de la Société, ainsi que M. Fritz Sieber, qui a bien voulu revoir une dernière fois le travail de son père avant qu'il fût envoyé à l'imprimerie. — E. MAREUSE.

3. Avant d'arriver à Paris, Platter traverse Longjumeau, où, dit-il, se trouve une abbaye [Longpont], le pont Anthoni et le Bourg-la-Reine. Il arrive à Paris à cinq heures du matin et descend au faubourg Saint-Jacques, à l'Image Notre-Dame. Notre auteur ne signale rien d'intéressant sur ce parcours (fol. 476 r°).

4. Sur les diverses légendes relatives à l'origine de ce nom, cf. la description de Paris sous Charles V, de Raoul de Presles, dans l'*Histoire générale de Paris, Paris et ses historiens*, par Leroux de Lincy, p. 102; la description de Paris de Guillebert de Metz, *ibid.*, p. 133; Corrozet, *la Fleur des antiquitez de Paris* (1532), édition publiée par le bibliophile Jacob, p. 5.

Issu de la race des Samothées et descendant de Japhet, il fut le premier roi de France.

D'autres font dériver le nom de Paris d'un nommé Paris, descendant de Japhet, fils de Noé, qui fut le dix-huitième roi de la Gaule celtique et est présumé avoir fondé la ville de Paris 1400 ans avant Jésus-Christ.

D'autres encore prétendent qu'Hercule, en traversant la France pour se rendre en Espagne, aurait laissé dans l'île formée par les deux bras de la Seine une compagnie de soldats d'origine asiatique, d'une région appelée Parasie. Ceux-ci auraient commencé à bâtir la ville et les indigènes auraient reçu le nom de Parisiens, la voyelle *a* s'étant transformée en *i*. .

Quelques auteurs font provenir le nom de Paris de la déesse Isis, dont on aurait trouvé la statue sur l'emplacement où s'élève aujourd'hui Saint-Germain-des-Prés, au faubourg Saint-Germain. Paris signifierait *près d'Isis*. Peut-être aussi la déesse Isis aurait-elle été également adorée à Melun, qui ressemble en beaucoup de points à Paris, et dans ce cas on aurait traduit : *pareille à la cité d'Isis* (gen. Ἴσιος) ou de Melun[1].

Enfin les plus célèbres des auteurs qui ont traité la question croient que la ville tire son nom du fils du roi de Troie, Paris, qui enleva la belle Hélène à son époux Ménélas, roi de Lacédémone, et qui fut cause de la destruction de Troie par les princes grecs à la suite d'un siège de dix années. Après la ruine de la ville, un grand nombre de Troyens seraient venus s'établir en Hongrie. Ces émigrants s'étant multipliés, 22,000 d'entre eux seraient venus sur les bords de la Seine et auraient bâti dans l'île une ville qu'ils auraient nommée *Lutèce*, nom provenant du mot latin *lutum*, qui signifie *boue*, en raison du terrain gras sur lequel elle était bâtie, ou des immondices que l'on a vues de tout temps dans la ville avant le pavage des rues et que l'on y voit même encore aujourd'hui. Ils se seraient nommés *Parisiens* en souvenir de leur roi Paris, ou peut-être ce nom viendrait-il du mot *Parisia*, qui signifie bravoure. Ils auraient également construit d'autres villes dans le pays. Strabon, dans son quatrième livre, dit qu'elle doit son nom de *Leucotitia* à la blancheur de ses

---

1. Voyez, sur l'origine commune de Melun et de Paris, ce que dit M. Bournon dans ses *Rectifications et additions à l'histoire de la ville et du diocèse de Paris de l'abbé Lebeuf*, t. I, p. 1.

murs[1]. D'autres l'ont appelée *ville de Jules*, par suite des fortifications dont l'a entourée Jules César et des monuments qu'il y a laissés.

La ville de Paris a été considérée jusqu'à ce jour, non seulement comme la capitale de tout le royaume de France, mais aussi comme la première ville de l'Europe et de la chrétienté, à l'exception toutefois de Constantinople, où réside la cour de l'empereur de Turquie. On la nomme *miraculum terrae immobile et stellam terrestrem lucidissimam*, la merveille immuable du monde et l'étoile la plus éclatante de la terre, et cela en raison de la présence dans la ville de la cour du Roi très chrétien, du Parlement, dont la juridiction s'étend sur une grande partie du pays, ainsi que d'une ancienne et illustre école. Elle doit aussi sa renommée à son immense étendue, à ses monuments publics et privés, à sa noblesse, à son commerce et à ses nombreux étudiants, à sa situation favorable et à la qualité de l'eau qu'on y trouve. C'est à cela qu'elle doit l'importance de sa population, ce qui fait qu'on l'appelle à juste titre un petit monde à part, ou *Paris sans pair*[2].

C'est dans cette ville et dans ses environs, dans les châteaux et dans les palais royaux, que la plupart des rois de France ont passé leur existence, et il en est de même encore aujourd'hui. On y voit aussi les *coffres de l'espargne* du roi, où l'on apporte les revenus de toute la France; le Parlement, qui juge en dernier ressort tous les procès et toutes les affaires litigieuses. Bref, c'est le point central de la France (*centrum*), autour duquel tout gravite.

On trouverait difficilement dans toute la chrétienté une ville renfermant autant d'agréments que celle-ci; car, en premier lieu, l'air y est doux et tempéré, ni trop froid, ni trop chaud, ni trop agité, et le climat est toujours conforme à la saison dans laquelle on se trouve. Toutefois, il y pleut fort souvent, peut-être par suite du grand nombre de cours d'eau qui s'y trouvent et en raison de la faible altitude du sol. La mer est à une si petite distance, que l'on peut apporter à Paris, comme on le fait tous les jours, par

---

1. Voyez Strabon, *Géographie*, liv. IV, chap. iii, § 5. Cet auteur nomme bien *Lucotocia*, mais ne donne pas l'étymologie de son nom.

2. Voyez une note de M. Paul Meyer, *Bulletin de la Société de l'histoire de Paris*, t. X, p. 26; *Éloge de Paris*, de Jean de Jandun, publié par M. Taranne (1856), et dans *Paris et ses historiens*, par Leroux de Lincy, p. 504.

la poste ou par le chasse-marée, une si grande quantité de poissons de mer et d'eau douce que tout le monde peut s'en procurer.

La campagne et le sol qui entourent la ville sont aussi fertiles
que toutes les autres régions de la France et produisent une nourriture agréable et saine. D'un côté se trouve une province appelée
*Isle de France*, dont fait partie la Ville et qui est située entre la
Seine, la Marne, l'Oise et l'Aisne ; elle est charmante et produit
beaucoup de fruits. De l'autre côté se trouve la Beauce. Il y a de
nombreux cours d'eau navigables, au moyen desquels on amène
en ville une quantité de choses nécessaires à la vie ; on dirait que
ces rivières en sont tributaires[1]...

Il y a autour de Paris un grand nombre de villes fortifiées, de
villages et de bourgs étendus et peuplés, en sorte que l'on pourrait dire que les faubourgs de Paris s'étendent à dix lieues à la
ronde, car de nombreux palais et châteaux de plaisance, envi-
ronnés de beaux jardins, de vergers, d'étangs et d'autres agréments sont attenants à ces villages. Et il ne faut pas s'en étonner,
car depuis de nombreuses années toutes les richesses de la France
viennent se concentrer à Paris et dans le voisinage, les cours de
justice importantes et secondaires viennent y traiter leurs affaires.
En outre, beaucoup d'étrangers, tant Français que ressortissant
d'autres pays, habitent Paris, en sorte qu'on y dépense annuelle-
ment des sommes énormes, parce que le logement, la nourriture
et les vêtements coûtent assez cher et que tout le monde a l'habitude de s'habiller avec élégance. Toutes ces circonstances ont tellement contribué à la richesse et à la renommée de la ville qu'elle
peut à bon droit rendre grâce à Dieu et à son roi et prier afin
qu'elle puisse se conserver une pareille aisance.

On a évalué, du temps du roi Charles VI, en 1400, le nombre
des ménages à Paris à 372,000 et plus, sans compter les prêtres,
les étudiants et autres *extravagánts*[2], dont on ne saurait évaluer
le nombre. On y a toutefois compté alors 30,000 étudiants. Certains pensent qu'il y a 5 à 600 rues, 18,000 maisons et, pour le
moins, 500,000 habitants[3].

---

1. Notre auteur décrit les rivières qui servent à l'alimentation de Paris ;
cette énumération, entièrement géographique, est dénuée d'intérêt, et j'ai
cru devoir la supprimer.

2. En français dans le texte. Platter désigne ainsi vraisemblablement les
étrangers.

3. Le chiffre de la population est évidemment exagéré. Voyez à ce propos
Guillebert de Metz, dans *Paris et ses historiens*, p. 232, 485 et suiv.

Il se consomme journellement à Paris 200 bœufs, 2,000 moutons, 1,000 veaux et 70,000 poulets et pigeons ; de plus, les jours maigres, on y mange une telle quantité de poissons de mer et d'eau douce, que l'on ne pourrait les compter. En outre, on moud chaque jour 500 *muids* de blé, chaque muid évalué à douze septiers, un septier contiendrait au moins 29,792,000 grains. Il s'y boit chaque jour 260 muids de vin (le muid équivalant à 200 pots), sans compter la bière, le cidre et autres boissons, qui se consomment encore en grande quantité à Paris. Et tous les jours des marchands ambulants des deux sexes affluent dans toutes les rues, criant à haute voix leurs marchandises, qui comprennent environ cent trente-six espèces différentes et ont été énumérées en vers dans un petit livre imprimé sous le titre : *les Cris de Paris*[1]. Ainsi, une ménagère désirant n'importe quoi n'a pas besoin de sortir, puisqu'on lui apporte chez elle tout ce qui lui est nécessaire. Il y a, de plus, des marchés sur plusieurs points de la ville, notamment dans la rue Saint-Denis. Le bois, les peaux et autres objets de même nature s'achètent sur la Seine ou au bord des cours d'eau, et des crocheteurs, qui se trouvent en grande quantité dans toutes les rues, vous apportent, pour quelques sous, chez vous, les marchandises dans une hotte. Ces portefaix, au nombre de 5,000 et plus, n'exercent pas d'autre métier, il y en a qui deviennent très riches, et ils se sont organisés de telle façon qu'ils ne peuvent se faire tort mutuellement. Ces hommes de peine sont également porteurs d'eau ; car, comme il n'y a dans toute la ville de Paris que seize fontaines d'eau courante[2], et que le nombre des étages est très élevé, tout bourgeois ayant une belle habitation charge un homme ou une femme de lui apporter chaque jour, à l'heure voulue, l'eau potable en quantité suffisante. Ces porteurs d'eau reçoivent, pour ce service, la somme de deux francs par mois. Aussi sont-ils occupés, nuit et jour, à faire leur provision d'eau, afin de ne pas en perdre une goutte et de pouvoir la porter dès le matin à leurs pratiques. Quelques-uns en ont un si

---

1. Les livrets de ce genre ont eu de nombreuses éditions aux xvi<sup>e</sup> et xvii<sup>e</sup> s. Voyez notamment les *Rues et les cris de Paris au XIII<sup>e</sup> siècle*, par Alfred Franklin, p. 46 et suiv. et p. 152 ; *Cris de Paris au XVI<sup>e</sup> siècle*, 18 planches gravées et coloriées du temps, reproduites en fac-similé d'après l'exemplaire unique de la bibliothèque de l'Arsenal par Adam Pilinski, avec une notice historique sommaire par M. Jules Cousin.

2. Voyez, pour le régime des eaux au xvi<sup>e</sup> et au xvii<sup>e</sup> siècle, Belgrand : *les Travaux souterrains de Paris*, t. III, p. 457 et 491.

grand nombre qu'ils deviennent riches et peuvent donner à leurs filles jusqu'à trois mille francs de dot. Il y a aussi, dans quelques maisons, des puits, mais l'eau n'est pas bonne, et l'on ne s'en sert que pour laver et nettoyer. Les fontaines susdites sont mentionnées également dans les *Cris de Paris*, et l'eau est distribuée en ville au moyen de tuyaux de plomb; beaucoup de personnes vont puiser de l'eau jour et nuit à ces fontaines, et l'on veille, avec beaucoup de soin, à ce que chacun puisse avoir la quantité d'eau qu'il lui faut.

Dans la rue Saint-Antoine se trouve une fontaine, sur laquelle j'ai lu l'inscription suivante :

Anno 1577.

*Hanc deduxit aquam duplicem Biragus in usum,*
*Serviat ut Domino, serviat ut populo.*
*Publica sed quanto privatis commoda, tanto*
*Praestat amore domus publicus urbis amor.*

*Renatus Biragus Franc. Cancellar.*
*publicae commoditati.*

La circonférence de la ville et de ses environs est évaluée généralement à sept lieues[1].

De tous les éloges en l'honneur de cette ville, je ne veux noter que les trois morceaux suivants, qui résument en peu de mots tout ce qu'on peut en dire. Voici la première :

In laudem Parisiorum Architrenii epigramma.

[Exoritur tandem locus, altera regia Phœbi][2]
*Parisius, Cirrhœa viris, Chrysea metallis,*
*Grœca libris, Inda studiis, Romana poetis,*
*Attica terra sophis, mundi rosa, balsamus orbis,*
*Sidonis ornatu, sua mensis et sua potu,*
*Dives agris, fecunda mero, mansueta colonis,*
*Messe ferax, inoperta rubis, nemorosa racemis,*

---

1. Platter compte, comme environs de la ville, les faubourgs et une partie des villages compris entre ces derniers et les fortifications actuelles.

2. Ce premier vers manque dans la copie de Platter.

*Plena feris, piscosa, læva, volucrosa fluentis,*
*Munda domo, fortis domino, pia regibus, æthra*
*Dulcis, amœna situ, bona cuilibet, omne venustum,*
*Omne bonum, si sola bonis fortuna faveret*[1].

## TRADUCTION[2].

### *Épigramme d'Architrène en l'honneur des Parisiens.*

Paris pour vray est la maison royalle
Du Dieu Phœbus en splendeur radiale;
C'est Cyrrhea pleine de bons espritz,
Très vigoureux, faisans divers escriptz;
C'est Chrysea en métaulx habondante,
Grèce de pris en livres florissante,
Inde en estude, et en poëtes Romme,
Athènes lors en maint très sçavant homme,
Rozier mondain, baulme du firmament
Universel, de Sidon l'ornement,
Très habondante en vivres et breuvaiges,
Riche en beaulx champs et fluvieux rivaiges,
Fécunde en vins, doulce en ses citoyens,
Fertile en bled et en maints d'aultres biens.

L'excellent poëte Du Bartas a écrit les vers suivants relatifs à la ville de Paris[3] :

Voyant du grand Paris les miracles divers,
Idiot pense entrer en un autre univers.
Il admire tantost sans art les artifices,
Les masses et l'orgueil des sacrez édifices,
Qui seurement bastis et parez richement,
Touchent l'enfer du pied, du front le firmament[4].
Il admire tantost les différens langages,

---

1. Voyez notamment la *Gallia christiana*, t. VII, p. 1, et la dissertation de Bonamy dans le tome XV des *Mémoires de l'Académie des inscriptions et belles-lettres*, p. 656 et 672.

2. Voyez Corrozet, *la Fleur des antiquitez de Paris*, édition du bibliophile Jacob, p. 10. Voyez également le plan de Paris, de Braun, sur lequel elle a été reproduite.

3. Voyez Du Bartas, *la Seconde sepmaine* (Paris, 1593, in-12), p. 41.

4. Voyez La Fontaine, *Fables*, liv. I, fable XXII, *le Chéne et le roseau*. Voyez aussi les notes qui accompagnent l'édition des *Grands écrivains*, t. I, p. 128.

Les gestes, les habits, les mœurs et les visages
Des hommes, qui rongez d'un bataillon de soins,
Font d'un flus et reflus ondoyer tous les coins.
Il admire tantost des avares boutiques,
Les thresors, les mestiers, les rumeurs, les trafiques;
Il admire tantost la Seine, dont les flots
Profonds semblent porter des mons dessus leur dos;
Il admire son Louvre, il admire ses isles,
Il admire ses ponts, non plus ponts, ainçois villes.

Le troisième éloge est appelé le *Blason de Paris*[1] :

*Paisible domaine,*
*Amoureux verger,*
*Repos sans danger,*
*Iustice certaine,*
*Science hautaine,*
C'est *Paris* entier.

Dans toutes ces pièces de vers, on fait l'éloge des richesses, de la magnificence et des autres agréments de la ville.

La ville entière se divise en quatre parties : la Cité, l'Université, la Ville et les Faubourgs. La *Cité* est entourée de toutes parts par la Seine, elle est reliée à l'Université par trois ponts[2] et à la grande Ville par deux ponts[3]. Ces ponts, bordés de chaque côté par des rangées de maisons, ressemblent plutôt à des rues qu'à des ponts. Deux édifices grands et superbes s'élèvent dans la Cité, l'un est l'église dédiée à Notre-Dame, l'autre le Palais, où se jugent les procès.

La grande église de Notre-Dame doit remonter à l'époque de l'empereur Léon. Lorsque Artus, roi de la Grande-Bretagne, vint en France et y commit de nombreux dégâts, Flollo, lieutenant du roi, se barricada dans Paris et offrit au roi Artus de se battre en duel avec lui, en stipulant que le vainqueur serait le maître du pays. Le combat s'étant engagé, Artus, se sentant succomber,

---

1. Voyez *Paris et ses historiens*, p. 512.

2. Il s'agit ici du pont Saint-Michel, du Petit-Pont et du bras méridional du Pont-Neuf, qui venait d'être construit. Voyez R. de Lasteyrie, *Documents inédits sur la construction du Pont-Neuf*, dans les *Mémoires de la Société de l'histoire de Paris*, t. IX, p. 5.

3. Le Pont-au-Change et le pont Notre-Dame; le pont Marchant, reconstruit en 1609, n'est pas indiqué.

appela à son secours la patronne de Paris ; elle lui apparut vêtue
d'un manteau doublé d'hermine et le prit sous sa protection ;
Flollo fut saisi de frayeur, tandis qu'Artus reprenait courage et
tuait son ennemi. Alors Artus entra à cheval dans Paris et fit
construire une église en l'honneur de la Vierge à la place où
s'élève maintenant la grande église de Notre-Dame[1].

Ce fut sur les instances de Maurice, évêque de Paris, que le roi
Philippe-Auguste fit construire cette église en 1187. Philippe de
Valois, devenu roi en 1328, après avoir battu ses ennemis en
Flandre, revient à Paris, entre tout armé et à cheval dans l'église,
et, s'avançant devant le crucifix, présente son cheval et son
armure en offrande à la Vierge. En mémoire de cet événement et
en souvenir d'autres donations qu'il avait faites, il se fit sculpter
et fit placer sa statue sur une colonne près du chœur, où je
l'ai vue[2].

Les fondations de l'église reposent sur cent vingt pilotis[3]. L'intérieur a une longueur de 66 toises ou 174 pas, une largeur de
24 toises ou 60 pas et une hauteur de 17 toises ou 200 pas. Elle
renferme une nef principale, quatre nefs latérales et quarante-cinq
chapelles et autels. Le portail est orné de sculptures représentant
des scènes tirées de l'Ancien et du Nouveau Testament. Vis-à-vis
ce portail, on aperçoit, fixée à une colonne, une petite tête sombre
que l'on regarde comme un emblème[4]. Un double portail avec

---

1. Voyez Corrozet, *la Fleur des antiquitez*, édition du bibliophile Jacob,
p. 27.

2. Voyez Bonfons, *les Antiquitez et choses les plus remarquables de Paris*
(1608), p. 199. Germain Brice prétend que la statue représente Philippe le
Bel après la victoire de Mons-en-Puelle, du 18 août 1304 ; voyez sa *Description de Paris* (édition de 1725), t. IV, p. 234. Piganiol ne se prononce pas ;
voyez *Description historique de la ville de Paris* (édition de 1770), t. I,
p. 313. La question semble avoir été tranchée au xviiie siècle en faveur de
Philippe le Bel, s'il faut en croire l'inscription qui avait été placée au-dessous de la statue ; voyez *Paris à travers les âges, Notre-Dame*, par Édouard
Drumont, p. 17.

3. Il semble démontré aujourd'hui que Notre-Dame n'a jamais été bâtie
sur pilotis. M. Charles Normand cite à ce sujet l'opinion de M. Albert Lenoir,
qui a suivi les fouilles de 1847. Voyez son *Nouvel itinéraire-guide de Paris*,
t. I, p. 22.

4. Il s'agit ici de la statue du Christ, dont l'abbé Lebeuf a entretenu l'Académie des inscriptions et belles-lettres. Voyez *Histoire de l'Académie des
inscriptions*, t. XXI, p. 182, et Bournon, *Rectifications et additions à l'histoire de la ville et du diocèse de Paris de l'abbé Lebeuf*, t. I, p. 3.

trois portes forme l'entrée de l'église. De chaque côté s'élève une haute tour carrée. Ces deux tours ont une hauteur absolument égale; elles ont 34 toises et peuvent servir de défense, car le sommet ne se termine pas en pointe, mais en plate-forme. J'en ai fait l'ascension et j'ai pu jouir d'une belle vue sur la ville. On m'a fait également l'éloge d'une grosse cloche, qui n'est pas plus petite que celle d'Erfurt; on peut, m'a-t-on dit, l'entendre, par un beau temps, à sept lieues à la ronde.

En 1413, sous le roi Charles VI, un chevalier a fait ériger la statue colossale de saint Christophe, que j'ai vue à l'entrée de cette église.

Elle a été de tout temps un lieu de rendez-vous favorable à la débauche; maquereaux et maquerelles se promènent sans cesse près du chœur et offrent leurs services aux étrangers. J'ai vu également, adossés pendant quelque temps contre les piliers, des lits dans lesquels étaient couchés de jeunes enfants trouvés; on les recueille dans les rues et on les porte dans des lieux déterminés les jours de fêtes, où on les met dans des lits, afin qu'on puisse leur donner du secours, ou dans l'espoir qu'une personne charitable, désirant élever un enfant, s'en fasse donner un, car on y trouve beaucoup de choix. Il arrive quelquefois qu'on y dépose soi-même son propre enfant afin de ne pas être trahi, car il se passe sous ce rapport à Paris des choses fort étonnantes. Comme l'on recueille ainsi tous les enfants et que personne ne voit là rien d'extraordinaire, on se laisse aller d'autant plus à commettre une faute.

Tous les ans, le vendredi saint, les échevins et le Parlement tout entier se rendent ensemble dans cette église pour chanter un *Te Deum* en mémoire de la délivrance de la ville de Paris après le départ des Anglais. Dans les maisons voisines demeurent les chanoines et l'évêque de Paris, appelé Monsieur de Paris; il est suffragant de l'archevêque de Sens. Dans le cloître situé derrière Notre-Dame se trouve l'église Saint-Denis-du-Pas[1]. Elle a peut-être été ainsi nommée parce qu'en 83 après Jésus-Christ, sous le règne de l'empereur romain Domitien, à l'époque où les Fran-

---

1. Voyez, sur cette église, démolie au commencement de ce siècle, Lebeuf, *Histoire de la ville et de tout le diocèse de Paris* (édition de 1883), t. I, p. 18, et *Rectifications et additions*, par M. Bournon, t. I, p. 9. Voyez également Jaillot, *Recherches critiques et historiques sur la ville de Paris*, t. I, quartier de la Cité, p. 150.

çais et les Parisiens étaient encore sous le joug des Romains, saint Denis aurait été envoyé en France par le pape Clément pour y prêcher l'Évangile; il y aurait été mis à la torture et jeté en prison sur l'ordre de Domitien.

Devant l'église, on trouve à gauche le grand et bel hôpital désigné sous le nom d'Hôtel-Dieu. Il y a eu de tout temps de nombreux malades, ainsi que j'ai pu moi-même m'en rendre compte. Derrière l'église, une ruelle conduit à la Seine, qu'elle traverse pour aboutir à la Tournelle, ou au Pavé[1].

L'autre grande construction que l'on voit dans l'île est le Palais où les rois avaient autrefois leur résidence. Il fut construit par Philippe le Bel; lorsqu'on en jeta les fondations, on trouva un crocodile vivant, dont on montre encore la peau dans la grande salle du Palais[2]. Louis X, surnommé le Hutin, donna ce palais au Parlement, afin qu'il restât dorénavant dans les mêmes mains, car, avant cette époque, les hommes éminents versés dans l'étude des us et coutumes de la France, qui avaient à juger les affaires qui leur étaient soumises en dernier ressort, n'avaient pas de siège fixe. Paris leur fut alors assigné comme lieu de réunion.

Ce bâtiment est précédé d'une grande cour fermée par une grille; dans cette cour attendent les chevaux et les voitures des personnes qui ont affaire dans le Palais; on y voit également des marchands forains qui vendent des objets de nature diverse, ainsi que des ouvriers. En montant ensuite le grand escalier de pierre, on voit à droite la Sainte-Chapelle, bâtie par Louis IX ou saint Louis; elle est de forme ovale et d'une architecture extrêmement élégante. Au milieu de cette église, j'ai vu au plafond une immense griffe, que l'on m'a dit être celle d'un griffon. On conserve dans cette chapelle une quantité de reliques[3] que l'on expose tous les ans à Pâques en grande pompe : en premier lieu la couronne d'épines de Notre-Seigneur, que l'empereur de Constantinople avait donnée à saint Louis; puis des fragments de la sainte croix,

---

1. La rue du Cloître-Notre-Dame, s'infléchissant vers le sud, passait derrière l'église Saint-Denis-du-Pas et aboutissait à la Seine, en face le pavé de la place Maubert (rue du Haut-Pavé actuelle) et le quai de la Tournelle.

2. Voyez, sur ce crocodile, qui, suivant d'autres, aurait été rapporté de la première croisade, ce que dit Édouard Fournier, *Paris à travers les âges, le Palais de justice et le Pont-Neuf*, p. 12.

3. Voyez, pour les reliques qui étaient conservées à la Sainte-Chapelle, Morand, *Histoire de la Sainte-Chapelle royale du Palais*, p. 40.

l'éponge imprégnée de vinaigre que l'on offrit à Jésus, la lance
avec laquelle on perça le flanc de Notre-Seigneur, le manteau de
pourpre dont le Christ avait été revêtu par les soldats de Pilate,
le bâton qu'on lui donna en guise de sceptre, le drap dans lequel
il fut couché lorsqu'on le descendit de la croix, le linge qu'il
portait à la ceinture pendant qu'il lavait les pieds de ses disciples,
le sang de ses blessures, les fers avec lesquels il a été enchaîné, le
bâton de Moïse et la tête du roi saint Louis.

Il y a en outre dans l'île vingt autres chapelles. En sortant de
la Sainte-Chapelle, j'entrai dans la salle[1], que les Français
regardent comme la plus grande de toute la chrétienté; mais
elle est arc-boutée; tout autour on voit des boutiques de marchands de soie, de velours, de pierres précieuses, de chapeaux, de
livres, de tableaux et autres marchandises. Il est assez difficile de
passer devant ces étalages sans acheter quelque objet, parce que
les marchands et les marchandes savent attirer les passants avec
tant d'affabilité et leur démontrer que tout est à bon compte, et
parce que l'on peut regarder sans être obligé de rien acheter. Les
femmes qui vendent de la toile blanche pour chemises, cols, mou-
choirs et autres articles de lingerie notamment, ont une façon
très attrayante de parler et savent vous persuader que nulle part
ailleurs on ne peut trouver aussi bien ; elles sont aussi fort rusées
et ne tardent pas à distinguer ceux qui ont de l'argent de ceux
qui n'en ont pas ; elles observent ce qui vous manque, et, s'il y a
quelque chose de détérioré à votre vêtement, elles vous offrent ce
que, sans elles, vous ne songeriez nullement à acheter. Si quelqu'un passe habillé de neuf, elles lui demandent s'il ne veut rien
acheter pour sa maîtresse. Aussi ceux qui vont s'y promener avec
des dames regrettent-ils généralement leur visite. Demandez-vous
à voir un objet, vous êtes sûr d'y laisser votre argent; en effet,
on vous fait d'abord un prix très élevé; mais, si vous marchan-
dez, vous êtes certain de l'avoir à moitié prix et même au quart.
Ce procédé m'a rappelé les Juifs d'Avignon. Et ce qui est le plus
étonnant, si vous désirez quelque chose, elles vous montrent tant
d'articles différents que vous êtes dans l'embarras pour choisir,
car elles ont un endroit réservé où elles font chercher leurs marchandises et où se trouve la plus grande variété d'objets. Lors-

---

1. Voyez, sur la grand'salle du Palais, Édouard Fournier, *Paris à travers
les âges, le Palais de justice et le Pont-Neuf*, p. 16.

qu'elles en vendent un, elles le paient d'après la taxe, sinon elles le rendent. Ce qu'on ne trouve pas à Paris, on ne le trouvera nulle part ailleurs.

A côté de ces boutiques de marchands, il y a de fort belles galeries, où les avocats et les procureurs se promènent en grand nombre, en tenant sous le bras un portefeuille de toile bourré de papiers où ils notent toutes leurs affaires. Dans cette même salle, on voit les statues de tous les rois de France, depuis Pharamond, le premier d'entre eux qui se convertit au christianisme et fit construire de nombreuses églises après que saint Denis, disciple de saint Paul, eut prêché l'évangile à Paris et y eut été martyrisé, jusqu'à Henri III ; ces statues sont au nombre de cinquante-huit[1]. Ceux dont les mains sont levées ont fait du bien, mais ceux qui laissent tomber les bras n'ont rien fait de bon. J'ai encore vu dans cette salle un très grand cerf en ronde bosse, le modèle d'un cerf en or massif, que les maîtres des finances avaient voulu faire fondre sous le règne de Charles VI, afin de garder plus sûrement le trésor royal[2].

J'ai visité ensuite plusieurs belles salles du palais, et en premier lieu la *Chambre dorée*[3]. Au-dessus de la porte se voit un lion doré, assis et la queue entre les pattes ; cet emblème signifie que même les grands et les puissants doivent soumission et obéissance aux lois. Le plafond est entièrement doré, ce qui a valu son nom à cette salle. Les avocats y donnent audience, et j'ai entendu dire que le roi y vint une fois avec le duc de Savoie, en se cachant derrière une grille, pour écouter leurs discussions.

La deuxième salle, appelée la *Chambre de la Tournelle*[4], est réservée aux affaires criminelles. La troisième est la *Grande chambre des enquestes*, la quatrième la *Petite chambre des enquestes ;* la cinquième, la *Chambre du domaine,* est réservée au

---

1. Voyez Bonfons, *les Antiquitez et choses plus remarquables de Paris,* p. 351. Ces statues ont été détruites par l'incendie de 1618.

2. La tête et le cou ont seuls été exécutés en or. Voyez Corrozet, *Antiquitez de Paris* (édition de 1586), fol. 134, et le poème de Raoul Boutray, *Lutetia* (Paris, 1611), p. 35. Voyez également le travail de M. Hippolyte Bonnardot commentant la relation de Raoul Boutray, *l'Incendie du Palais de Paris en 1618* (Paris, 1879), p. 50.

3. Pour la description de la Grand'chambre, voyez Piganiol de la Force, *Description de Paris* (édition de 1770), t. II, p. 8.

4. Pour la Tournelle, voyez Piganiol de la Force, t. I, p. 107.

roi; la sixième, la *Chambre des comptes*[1], est ornée de tableaux représentant la Justice, avec la devise : *Sua cuique ministro*, Je donne à chacun ce qui lui est dû; la Force, avec la devise : *Me dolor atque metus fugiunt*, Ni la douleur, ni la peur ne m'inquiètent; la Sagesse, avec la devise : *Consiliis verum speculor*, Mes conseils mènent à la vérité; la Tempérance, avec la devise : *Mihi spreta voluptas*, Je méprise la volupté. Le cinquième tableau représente Louis XII, avec l'éloge suivant :

> Quatuor has comites foveo coelestia dona,
> Innocuae pacis prospera sceptra gerens.

Il révère ces quatre compagnes comme des présents célestes, en tenant l'heureux sceptre d'une paix inoffensive[2].

Ce roi a fait non seulement dorer et décorer de peintures de nombreuses parties de ce palais, mais il a également construit cette Chambre des Comptes.

Mais j'ai à mentionner encore huit autres salles :

1º La Chambre des requestes de l'hostel du Roy; 2º la Chancellerie; 3º les Requestes du Palais; 4º le Bailliage du Palais; 5º la Chambre des maistres des eaulx et forests, où sont attachés trois cents officiers; 6º la Chambre de la connestablie et maréchaussée de France, où se trouve une belle table de marbre; 7º la Chambre du trésor des monnoyes; et enfin 8º la Chambre créée en vertu de l'édit de Henri IV, où se jugent les affaires entre des personnes appartenant à des religions différentes.

La ville a pour premiers magistrats (*magistratus curiales*) : vingt-quatre échevins, vingt-quatre conseillers (*consiliarii*) aidés de quatre secrétaires, quatre procureurs et quatre receveurs ecclésiastiques (*quæstores clerici*), un prévost des marchands (*præfectus mercaturæ*), qui fixe la taxe des vivres, garde les clefs de la ville et apaise toutes les émeutes. Ce prévôt doit être nécessairement un enfant de Paris et sa personne est sacrée; aussi, lorsqu'il arrive à quelqu'un de casser un objet, on lui dit : « Tu ne seras point prévôt des marchands. »

L'horloge du palais porte cette inscription en vers[3] :

> *Qui dedit ante duas triplicem dabit ille coronam.*

---

1. Elle a été incendiée le 27 octobre 1737. Voyez Piganiol, t. II, p. 38.

2. Voyez Corrozet, *les Antiquitez, croniques et singularitez de Paris* (édition de 1586), p. 154; Du Breul, *les Antiquitez et choses plus remarquables de Paris*, p. 401.

3. Voyez, relativement à l'horloge du Palais, Bonfons, *les Antiquitez et*

Le Parlement est l'assemblée des pairs (*sedes parium*), c'est-à-dire des princes de France du même rang, et il juge en dernier ressort. Il se composait autrefois de cent conseillers, dix sénateurs (*patres*), huit maîtres des requêtes (*magistri libellorum supplicium aulæ regiæ*), quatre-vingts adjoints (*consiliarii*), dont quarante ecclésiastiques (*ecclesiastici*) et quarante laïques (*laici*) sous l'autorité de quatre présidents, deux avocats et un procureur général du roi (*procurator regius generalis*).

A côté de la salle, sur un long corridor où il y avait beaucoup de livres et de tableaux, je vis au-dessous de moi un emplacement assez large où se promenaient beaucoup de gens sans armes ni manteau, la plupart prisonniers pour dettes. On leur permet de prendre l'air pendant le jour, mais on les renferme pendant la nuit. Ce lieu se nomme la Conciergerie. Les prisonniers sont à peu près au nombre de cent, tant hommes que femmes; ils sont mêlés et quelques-uns sont vêtus fort richement.

Derrière cette prison se trouve un jardin d'agrément très beau et très soigné, le Jardin du roi; je l'avais déjà aperçu depuis les fenêtres supérieures des chambres.

Sur le toit, autour du palais, s'élèvent un assez grand nombre de tourelles qui s'harmonisent très bien avec l'édifice.

A l'entrée de cette place du Parlement, on lit, à droite, l'inscription suivante, en latin :

*Facite judicium et justitiam, ... quod si non audieritis verba hæc, in me juravi, dicit Dominus, quod in solitudinem erit domus hæc* (Jerem., XXII, 2, 5).

A gauche se lit l'inscription suivante :

*Videte, judices, quid faciatis, non enim hominis exercetis judicium, sed Domini, et quodcumque judicaveritis in vos redundabit* (II Chron., XIX, 6).

Dans l'avant-cour on voit quelques écriteaux où se trouvent les images et les noms des criminels en fuite, mais qui ont été néanmoins condamnés à mort. Leurs crimes y sont aussi relatés.

Il y a encore beaucoup de curiosités à voir dans ce Palais, telles que des chambres tapissées de drap bleu avec fleurs de lis, le trône royal, qui est le plus élevé, et les sièges des présidents et

---

*choses plus remarquables de Paris,* p. 430 ; les articles de M. Alfred Bonnardot et de M. Léon Dorez, *Bulletin de la Société de l'Histoire de Paris,* t. IV, p. 80, et t. XVIII, p. 48, et la notice de Troche publiée dans la *Revue archéologique,* 6ᵉ année, 1849, p. 412.

des conseillers de cour qui sont rangés tout auprès. Je ne veux pas décrire tout cela plus en détail, car il en est de même dans les autres parlements.

Quand on sort sur la cour par une porte élevée, on y voit une colonne en marbre (*pyramis*) avec beaucoup d'inscriptions prouvant que les Jésuites ont excité leur élève Pierre Chastel[1] à assassiner le roi Henri IV[2]. En conséquence, il fut saisi, écartelé; son père et sa mère furent exilés et leur maison, tout à côté de la colonne, fut rasée. Il a été décrété que jamais aucune construction ne serait élevée sur cet emplacement. Tout cela est inscrit sur la colonne.

Cette colonne a été démolie pendant la nuit, en 1605[3], à l'instigation du jésuite Coton. De là les vers suivants :

> Si le père Coton prétend à l'advenir,
> Sire, d'oster du Chastel le souvenir,
> Ostant la pyramide et ce qui la touche,
> Qu'il vous remette aussi une dent en la bouche.

En dehors de ces grands édifices détruits, il y a encore beaucoup d'églises et de rues, où maisons et chambres se louent fort

---

1. Voyez, sur cette affaire, Bonfons, *les Antiquitez et choses plus remarquables de Paris*, p. 443; Du Breul, liv. I, p. 232. Voyez aussi l'*Anti-Coton, ou réfutation de la lettre déclaratoire du P. Coton* (s. l., 1736), p. 15. Le texte des inscriptions de la pyramide, rédigées par Scaliger, ainsi que l'arrêt de la cour contre Jean Chastel se trouvent p. 40 et suiv. Le père de Jean Chastel se nommait Pierre, comme il résulte de l'inscription de la quatrième face. De là l'erreur de Platter, qui a confondu le fils avec le père. Voyez d'autre part deux pièces relatives à ce monument : *Prosopopée de la pyramide du Palais* (s. l. n. d.) et *Complainte au roy sur la pyramide* (s. l. n. d.). Ces deux pièces se trouvent à la Bibliothèque nationale sous les cotes Ld³⁹ 45 et 46. Voyez aussi *Iésuites establis et restablis en France et le fruict qui en est arriué à la France*, Pseaume V (s. l., 1611). Ce recueil, qui se trouve à la Bibliothèque nationale sous la cote Ye 24557, ne renferme pas les vers cités plus loin. Voyez également une énumération de pièces à l'article *Coton* dans la *Bibliothèque de la Compagnie de Jésus*, par Carlos Sommervogel, t. I, col. 1547 et suiv. La question a été traitée longuement par le P. J.-M. Prat, *Recherches historiques et critiques sur la Compagnie de Jésus en France du temps du P. Coton* (Lyon, Briday, 1876), t. II, p. 345 et suiv.; t. V, p. 232. On pourra constater que le P. Coton a montré au contraire la plus grande modération dans cette affaire et qu'il cherchait à ménager le roi et le Parlement.

2. La colonne a été reproduite plusieurs fois. Voyez l'*Inventaire de la Collection Hennin*, nᵒˢ 1117 à 1121, t. XII, p. 10-14, et la collection des dessins formés par H. Destailleur, t. V, p. 134-136.

3. Au mois de mai.

cher, en raison du voisinage du Palais. Afin de ne pas être obligé d'habiter loin de là, les appartements proches du Palais sont très recherchés par les étrangers. On paye généralement par mois six, sept, huit couronnes et plus pour une chambre et un lit. On peut acheter des vivres dans les cuisines, qui sont nombreuses dans l'île; on y trouve en tout temps de la viande rôtie, et à des prix modérés. On peut souper dans les hôtels ou dans les cabarets, où on trouve également du pain, du vin et du poisson; les dimanches et jours de fête, on peut y acheter toute sorte de mets. On peut aussi manger dans les pâtisseries, et l'on peut y boire aussi bien que dans les hôtels. C'est tout ce que j'ai à dire sur l'île.

L'*Université* est une autre partie de la ville de Paris; elle est située au midi, dans le Hurepoix; elle est entourée d'un côté par les fortifications, de l'autre par la Seine. Elle doit son nom à l'ancienne et célèbre Université (écoles supérieures) fondée par Charlemagne, qui régnait en l'année 796 après Jésus-Christ et a été surnommé le roi très chrétien. Elle a été créée par quatre écolâtres : Alcuin, Rabanus, Claude [de Turin] et Jean Scot[1]. Du temps de Charlemagne, empereur et roi, deux moines d'Irlande vinrent à Paris et firent annoncer le désir qu'ils avaient d'enseigner; en conséquence, le roi donna à l'un d'eux, Clément, beaucoup d'enfants à instruire, leur fit construire des écoles et leur donna un emplacement convenable, et ce fut là le berceau de l'école supérieure de Paris. Elle s'est développée graduellement et est devenue ce qu'elle est aujourd'hui, l'une des plus illustres écoles de toute la chrétienté, et je ne crois pas que l'on puisse en rencontrer une semblable.

On trouve également dans cette ville de nombreux collèges; il y en a environ cinquante à soixante, dont les principaux sont les suivants :

1° Celui de la Sorbonne, où on discute d'une façon subtile et très éloquente.

2° Celui de Navarre, dans lequel sont élevés les enfants des princes.

---

1. Pour la fondation de l'Université de Paris, on peut consulter Du Boulay, *Hist. univ. Paris.*, t. I; l'introduction du *Chartularium univ. Paris.*, du P. Denifle, et le livre récent de M. H. Rashdall, *Universities of Europe in the middle ages* (Oxford, 1895, 3 vol. in-8°), t. I, p. 271 et suiv.

3º Celui des Bernardins.

4º Celui de Clugny.

5º Celui des Prémontrés.

6º Celui des Cholets.

7º Celui du Cardinal Lemoine.

Le huitième est le collège de Cambray, où les professeurs du roi lisent en public et où le maître ès arts (*artium*) est élu tous les trois mois. Ce recteur, chef de l'Université, a le pas sur tous les personnages importants lorsque le roi vient avec toute sa suite (*solemniter*), parce que c'est lui qui vient lui demander la confirmation des privilèges (*privilegiorum confirmationem*); il a seul le droit de le faire.

Les étudiants de la ville de Paris se divisent en quatre nations : 1º les Français; 2º ceux de Picardie; 3º les Normands; 4º les Allemands, parmi lesquels on compte tous les étudiants du nord (*septentrionales*), y compris les Anglais.

Ceux-ci ont quatre chancelleries, quatre avocats et quatre procureurs au Parlement; il en résulte que l'Université a vingt-quatre comptables, quatre apprêteurs du parchemin, deux relieurs et deux scribes, secrétaires nommés jurés de l'Université. Dans les collèges dont j'ai donné les noms et dans les autres que je n'ai pas indiqués, on enseigne toutes les facultés : l'Écriture sainte, le Droit romain et le Droit canon, la Médecine et les Arts libéraux. Chaque faculté a son propre doyen et deux bedeaux. De cette Université sont sortis en tout temps des savants et des hommes de valeur, qui ont contribué à lui maintenir sa bonne renommée et à l'étendre au loin.

C'est pour ce motif que trente ou cinquante mille étudiants ont établi leur séjour à Paris; ils pouvaient trouver tous des logements convenables dans les collèges, qui sont au nombre de cinquante-trois et plus, mais ils n'habitent pas toujours dans l'établissement, car beaucoup trouvent le logement et la nourriture dans les familles bourgeoises de la ville. Ceux qui ont habité Paris savent le bruit qu'ils occasionnent nuit et jour ainsi que les farces qu'ils y font.

Il y avait aussi à Paris un collège des Jésuites, mais il a été fermé lorsque Pierre Chastel a voulu assassiner le roi, et ces religieux ont été expulsés de France, accusés de tenir des écoles impies, comme le rappelle l'inscription qui est sur la colonne devant le Palais. Depuis, on a essayé plusieurs fois de les faire revenir en France[1].

En somme, la plus grande partie de la ville appelée Université est située dans le quartier où se trouvent les rues de la Harpe et Saint-Jacques, etc.; elle se compose des cinquante collèges, dont l'un est nommé collège allemand, de vingt collèges ordinaires et trente collèges spéciaux, dans lesquels, à l'aide de donations provenant de généreux bienfaiteurs, certains étudiants reçoivent une pension suffisante pour continuer leurs études. On y voit encore vingt-quatre libraires, dix-sept églises, trois chapelles, quatre hôpitaux et tout ce qui a rapport aux prêtres et aux savants.

Parmi les nombreuses églises de l'Université, la principale, non seulement de l'Université, mais de la ville de Paris tout entière, est Sainte-Geneviève, bâtie par Clovis, le premier roi chrétien de la France, sur la montagne où elle existe encore ; elle était autrefois consacrée aux deux apôtres Pierre et Paul. C'est pour ce motif que la montagne, où le roi Clovis a été inhumé en l'année 511, a été nommée montagne de Saint-Pierre ; elle est dédiée aujourd'hui à la sainte jeune fille appelée Geneviève, qui a été également enterrée dans l'église. On raconte de cette Geneviève beaucoup de choses extraordinaires. Lorsqu'elle allait encore à l'école, elle avait à traverser un fossé rempli d'eau, un pont s'élevait tout à coup devant elle et disparaissait après son passage.

Toutes les affaires princières, les conciles, les délibérations avec les princes étrangers, les cérémonies importantes, telles que mariages princiers, obsèques royales, etc., etc. se célèbrent dans cette église, la plus importante de la ville. Lorsqu'il ne pleut pas pendant un certain temps, ou lorsque les pluies sont trop abondantes, on porte généralement, pieds nus, les reliques de sainte Geneviève en procession et en grande pompe dans l'église de Notre-Dame, ainsi que dans d'autres parties de la ville. On croit que le beau temps ou la pluie peut dépendre de la présence de cette vierge, qu'elle a la puissance de forcer Notre-Seigneur à faire ou ne pas faire pleuvoir à son gré. C'est pourquoi on dit des habitants de Paris que lorsqu'il pleut ils laissent bien

---

1. Voyez, relativement à l'expulsion des Jésuites, le passage de la *Chronique novenaire de Palma Cayet*, cité plus loin, livre VI (Collection Michaud et Poujoulat, t. XII, p. 623 et suiv.).

pleuvoir, mais que les saints frères de l'abbaye de Sainte-Geneviève croient pouvoir amener un changement de temps à volonté.

Près de cet édifice se trouve une autre église, appelée Saint-Étienne-du-Mont. L'abbaye de Sainte-Geneviève est contiguë et l'église en dépend. Dans la longue rue Saint-Jacques, près de l'église Saint-Benoît, est le cloître des Mathurins, dans lequel j'ai lu l'épitaphe d'un célèbre astrologue (*mathematici*), et que j'ai copiée :

> *De Sacro Bosco qui compotista Joannes*
> *Tempora discrevit jacet hic, a tempore raptus ;*
> *Tempore qui sequeris memor esto quod cum morieris,*
> *Si miser es, plora, miserans pro me precor, ora*[1].

Près de la Seine, dans la même rue, se trouve l'église Saint-Séverin, où j'ai relevé l'inscription suivante, rédigée par un mari à la mémoire de sa femme :

> *Revertatur pulvis in terram suam et spiritus ad eum qui fecit illum. Exspecto donec veniat immutatio mea. Dulcissimæ conjugi pientissimæ, Mariæ Curtinæ Pomponiæ, in medio ætatis flore a mœsto partu ad mœstum suis portum ereptæ, cujus cineres sex filiis sub hoc familiæ tumulo, maribus quatuor, feminis duabus obvolvuntur, carissimus maritus Petrus Crassinus Ablonius, senator Parisius, ac curta supellex tenelli duo liberi, maternæ reliquiæ, mas et femina superstites, tantisper dum hic in spe fata summissi opperiuntur, pietatis et honoris ergo posuerunt. Obiit 4 calend. sept. anno 1550, ætatis 20.*

> *Bonum est in silentio præstolari salutem Dei.*
> *Tu precare, viator, his quietem.*

Dans la rue Saint-André, presque au milieu de la voie, est l'église Saint-André, où j'ai lu l'épitaphe suivante, rédigée par une veuve pour son mari :

> *Uxor cara sui condit dum mœsta sepulcrum*
> *Conjugis et cinerem persolvit justa recentem,*
> *Bis senos complexa gemens in funere natos :*

---

1. Voyez, pour Jean de Sacro-Bosco, Piganiol de la Force, *Description historique de la ville de Paris* (édition de 1770), t. VI, p. 292 et 297. — Cette épitaphe a été imprimée dans le *Thesaurus epitaphiorum* du P. Labbe (Paris, 1666, in-8°), p. 168.

*Nostri, ait, o conjux, qui nunc dulcissimæ amoris*
*Pignora discessu linguis, si cura jugalis*
*Te tenet ulla tori, lacrimis luctuque tuorum*
*Flecteris; hanc tecum, o! tecum rape, namque perempto*
*Te vitam moror invisam, et nunc ipsa perenni,*
*Exstenuata malo placida jam morte quiescam*[1].

On peut lire une épitaphe en français dans une autre partie de la ville, je crois que c'est dans l'église des Templiers, qui se trouve située au coin de la grande rue du Temple :

*Ci gît le seigneur de Manas,*
*Lequel de sa propre alumelle*
*Se tua, prenant ses esbats*
*Sur le corps d'une damoiselle.*
*Je ne sçay après son trespas*
*Là où son esprit s'en alla.*
*Mais je sçay bien qu'on ne va pas*
*En Paradis par ce trou là*[2].

Ledit ordre des Templiers a été dissous en raison de ses gros péchés, de la sodomie qui s'y pratiquait; de là est venu le proverbe qui existe encore aujourd'hui : Il boit comme un templier.

Il y a encore beaucoup d'autres églises et de chapelles dans l'Université; on y trouve, comme dans les églises que j'ai déjà mentionnées, des curiosités dignes d'intérêt et une foule d'inscriptions que je n'ai pas cru devoir relater, attendu qu'elles sont citées en majeure partie dans un ouvrage in-8° intitulé : *les Antiquités de Paris*[3]. Entre autres belles rues situées dans l'Université, la grande rue Saint-Jacques me paraît être la plus importante. Elle commence à la porte Saint-Jacques et va jusqu'à la Seine, sur laquelle se trouve un pont nommé Petit-Pont. Après avoir dépassé l'église Sainte-Madeleine, on arrive, par le pont Notre-Dame, à la rue Saint-Martin, de telle sorte que la plus longue artère de la ville de Paris est formée par les rues Saint-Jacques et Saint-Martin, reliées par ledit Petit-Pont; en y ajou-

---

1. Cette épitaphe n'est pas dans l'*Épitaphier du vieux Paris*, publié par M. Raunié.

2. Cette épitaphe est citée dans Tabourot, *Bigarrures et touches du seigneur des Accords* (Paris, Jean Richer, 1608), p. 176.

3. Il s'agit ici de l'ouvrage de Corrozet, *les Antiquitez, croniques et singularitez de Paris* (édition de 1586), cité ci-dessus.

tant le faubourg Saint-Jacques et celui de Saint-Martin, on a à peu près le diamètre de la ville et de ses faubourgs.

L'Université compte plus de cent quatorze rues, tant grandes que petites ; elles portent des noms plus ou moins bizarres. Les maisons ont, comme ailleurs, presque toutes une enseigne ou un écriteau peint.

Lorsque l'on cherche une personne, il faut donc connaître exactement la maison où elle loge, l'enseigne de cette maison et l'étage où elle habite. Sans ces indications, il n'y a guère moyen de trouver un habitant de Paris ni de pouvoir s'informer où il demeure. Je ne me rappelle pas avoir vu dans l'Université beaucoup de places remarquables, à l'exception de la place Maubert, qui se trouve non loin de la Seine, et sur laquelle on exécute souvent les criminels. C'est que chaque recoin est couvert de maisons, afin de pouvoir loger un plus grand nombre d'habitants. Je crois avoir parlé assez longuement de l'Université.

La *Ville* est considérée comme la troisième partie de Paris ; elle est située sur la Seine, vers le nord, et en forme la division la plus étendue. Là sont les plus beaux hôtels, les édifices et les rues les plus importantes de toute la ville. Elle peut lutter avec les plus grandes villes de France. On voit en premier lieu dans ce quartier, tout près de la Seine, et non loin de la Porte-Neuve, le château du roi, appelé le Louvre. C'est là qu'il demeure lorsqu'il réside à Paris. Cet édifice est très vieux, mais il a été restauré par le roi François de Valois en l'année 1529, et il a été agrandi et terminé par le roi Henri II. Ces indications se trouvent du reste gravées au-dessus des portes en lettres d'or sur marbre noir :

*Henricus II, rex Christianissimus, vetustate collapsum refici cœp. a patre Francisco I. R. Christianiss. mortui sanctiss. parent. memor pientiss. filius absolvit. Anno a salu. resti. M.D.XXXX.VIII*[1].

Le château tout entier est carré et la partie ancienne est entourée de fossés. A l'entrée se trouve une grande et large cour, et

---

1. Pour le texte de cette inscription, voyez Berty, *Topographie historique du vieux Paris*, t. I, p. 222.

juste en face, au rez-de-chaussée, on arrive à une vaste salle, dans laquelle le roi, ainsi que je l'ai vu, le jour de Noël, touche les personnes atteintes des écrouelles, mal dont on doit se souvenir en été.

En montant l'escalier tournant, on entre dans une salle très vaste et très grande, destinée à la danse. Quelques sièges plus élevés ont été réservés pour le roi et la noblesse. Le plafond est doré et les murs sont tendus de tapisseries. J'entrai, par une porte de cette salle, dans l'appartement du roi, dont le plafond est artistement sculpté et doré. Il y a, au-dessus de la cheminée, un joli baldaquin en velours, brodé d'or avec beaucoup de goût.

On me montra aussi le cabinet du roi, la chambre où il a l'habitude de faire ses réflexions secrètes et où il se donne des divertissements[1].

A côté de l'appartement du roi, et dans le même palais, se trouve la demeure du connétable, car de nombreux fonctionnaires attendent à tout moment le roi. Le nombre de chambres du palais est considérable, et le roi actuel en fait construire tous les jours de nouvelles; il dépense des sommes considérables pour l'agrandissement et la décoration de son château. Mais le principal embellissement qu'il a fait consiste en une construction très élégante en marbre sculpté, qui va du palais jusqu'à son jardin de plaisance, situé en dehors de la ville, « les Tuileries, » que l'on appelle également la « Maison de la reine. » Le long de cet édifice on établira une galerie, où le roi pourra se rendre de son palais à son jardin, et d'où il pourra, en se promenant, voir tout ce qui se passe sur la Seine. Il emploie journellement, et sans relâche, pour ce travail, un nombre considérable d'ouvriers, afin de pouvoir le terminer et d'en jouir de son vivant[2]. J'ai entendu dire moi-même à Sa Majesté, lorsqu'elle eut empoché un gain au jeu de paume : « C'est pour mes maçons. » Il dit aussi de temps en temps qu'il est bizarre qu'à son âge il entreprenne ce travail, mais qu'il le fait pour pouvoir se promener et voir ce qui se passe

---

1. Pour la description de l'appartement du roi au Louvre, voyez Berty, *Topographie historique du vieux Paris*, t. I, p. 23o, ainsi que le plan qui l'accompagne.

2. Consulter, pour l'état d'avancement des travaux de la grande galerie à la fin du XVIe siècle, Berty, *op. cit.*, p. 71-72.

sur la Seine, qui coule le long du palais. Cet édifice sera tellement pompeux et tellement étendu que je crois qu'une fois terminé il n'en existera pas de pareil dans toute la chrétienté. Cette galerie, ainsi que je l'ai dit, doit s'étendre jusque dans son parc situé en dehors de la ville, dans le lieu appelé « les Tuileries » ou « Maison de la reine, » et à côté de laquelle se trouve le jardin de la souveraine, qui est fort agréable à voir.

Le portail de cette maison est en marbre multicolore. Il s'y trouve un escalier tournant construit avec beaucoup d'art; il y a de belles pièces, où les cheminées sont, pour la plupart, incrustées de marbre. Tout près du jardin, dans le faubourg Saint-Honoré, se trouve le couvent des Capucins, où s'est retiré le duc de Joyeuse. J'ai vu ce dernier mendier dans la rue et je l'ai entendu prêcher dans l'église, non loin du Louvre. Cet homme, de duc devenu capucin, fut de nouveau duc, pour redevenir capucin, ce qu'il est encore. Tout le monde sait également qu'il rentra au couvent peu après le mariage de sa fille avec le duc de Montpensier, issu de sang royal[1].

Tout à côté se trouve un autre établissement religieux. En général, il existe, dans chaque rue de la ville et des faubourgs, un certain nombre d'églises et de couvents, en sorte que, du moins on me l'a dit, il n'y a pas d'ordre de religieux ou de religieuses existant dans les pays catholiques qui ne soit représenté dans cette ville. Il faut toutefois en excepter les Jésuites, qui ont été expulsés en raison de l'attentat de Chastel, ainsi que je l'ai déjà raconté plus haut.

A l'intérieur de la ville et tout près de la cour se trouvent les *écuries du roi*, qui sont élégamment voûtées en forme de cave. Mais il ne s'y trouve pas de cercles ni de râteliers pour y mettre le foin, il n'y a que des crèches basses, comme on en voit chez nous dans les vacheries, au-dessus desquelles on adapte, si je ne me trompe, une auge pour le fourrage. Près de ces écuries existe une grande place, où le premier écuyer du roi (Pluvinel)[2] dresse

---

1. Pour l'entrée dans les ordres du duc de Joyeuse (avril 1599), voyez la *Chronologie septenaire de Palma Cayet* (Collection Michaud et Poujoulat, t. XIII, p. 52).

2. Voyez le *Maneige royal*, par M⁰ Antoine de Pluvinel (Paris, 1623, in-fol.).

les chevaux et enseigne aux jeunes gens et aux gentilshommes
l'équitation, les tournois et le jeu de l'anneau. J'y ai vu pratiquer
le jeu de l'anneau et dresser les chevaux de toutes façons. Il y a
également à Paris une *Académie*, car c'est ainsi qu'on la nomme.
C'est la plus distinguée de toute la France, et c'est là que les
jeunes gens et gentilshommes apprennent l'équitation, le dres-
sage des chevaux, la danse, l'escrime et d'autres jeux. J'en ai
déjà parlé à propos de Brouage.

Outre cette école d'équitation, il y en a quelques autres du
même genre dans la ville. Des Italiens et des Français y font
promener beaucoup de chevaux, et ils les dressent dans des
endroits spéciaux le matin ou le soir, à la fraîcheur, et ils donnent
en même temps des leçons à leurs élèves. En effet, lorsqu'on possède un jeune et beau cheval et qu'on veut le dresser de toutes
les façons possibles, on le donne à forfait à un piqueur et on con-
vient du prix avec lui, ou bien on achète soi-même des jeunes
chevaux et on les dresse pour les revendre ensuite fort cher. Il en
résulte qu'il y a ainsi beaucoup de chevaux en commun. Car,
plus un dresseur a de chevaux, plus il a d'élèves, et quelques-uns
prennent pension chez lui. Ces élèves paient, rien que pour monter à cheval, jusqu'à six, huit, douze et même vingt couronnes
par mois, surtout s'ils veulent apprendre beaucoup en peu de
temps, connaître les maladies des chevaux et le moyen de les
guérir. Lorsqu'il fait beau, on fait travailler les chevaux sur une
grande place en plein air, mais, lorsqu'il pleut, on les met dans une
grande cour couverte, où on les dresse.

De même que le château du roi est situé au bout de la ville,
vers le couchant, il y a aussi, vers le levant, également à l'extrémité de la ville, à côté de la porte Saint-Antoine, un château fort,
nommé *la Bastille*, que le roi Charles V a fait bâtir à ses frais.
C'est la forteresse de la ville de Paris. C'est là que l'on transporte
et que l'on conserve principalement le trésor du roi ; cet édifice
sert également de prison pour la noblesse. Le maréchal de Biron,
par exemple, y a été emprisonné et décapité.

Près de ce château, vers la Seine, est situé l'Arsenal de la ville,
qui est borné par le mur d'enceinte et par le fleuve. Il occupe
une surface considérable ; néanmoins, on n'y trouve pas beaucoup
de pièces intéressantes. C'est que les Français ne tiennent pas
leurs armes en ordre comme le font les Allemands, mais ils les

répartissent de temps en temps dans les forteresses et sur les tours.
On lit sur cet édifice les deux vers latins suivants :

*Ætna hæc Henrico Vulcania tela ministrat,*
*Tela giganteos debellatura furores* [1].

Vis-à-vis l'Arsenal se trouve l'église des Célestins, où j'ai lu
plusieurs épitaphes intéressantes, parmi lesquelles il y en a
quelques-unes relatives à des rois et à des personnes notables
inhumés dans le couvent. J'ai noté, en premier lieu, dans la chapelle des ducs d'Orléans, l'inscription suivante :

*Adsta, viator, non leve pretium moræ.*
*Hic grande parvo cor duplex jacet loco*
*Regis ducisque : regis Henrici, ducis*
*Monmorantii Annæ, per gradus qui singulos*
*Ad militaris ordinis fastigium*
*Pervenit, et res maximas sub maximis*
*Domi forisque regibus gessit tribus,*
*Francisco et Henrico ultimoque Carolo.*
*Sed præcipua quo singularis et fides*
*Inter ducemque regem et Henricum foret*
*Testata, corda jussit amborum simul*
*Rex ipse poni, pignus haud dubitabile,*
*Quod juncta eorum vita perpetuo fuit,*
*Hic juncta quorum mors habet vitalia* [2].

Il y a également une autre inscription française qui concerne
le même duc :

*Cy-dessouʒ gist un cœur plein de vaillance,*
*Un cœur d'honneur, un cœur qui tout sçavoit,*
*Cœur de vertu, qui mille cœurs avoit,*
*Cœur de trois Rois et de toute la France.*

*Ci-gist ce cœur qui fut nostre assurance,*

---

1. Voyez, pour l'Arsenal, la description de M. Paul Lacroix dans *Paris à
travers les âges*, t. II, *Bastille, hôtel Saint-Paul, Arsenal*, p. 25. La figure
de la page 26, qui n'est que la reproduction d'une ancienne gravure, semble
contredire l'assertion de Platter au sujet du désordre qui y aurait régné.

2. Voyez, pour cette inscription, Piganiol de la Force, *Description historique
de la ville de Paris*, t. IV, p. 2o3, et l'*Épitaphier du vieux Paris*, par
M. Raunié, t. II, p. 3g4.

*Cœur qui le cœur de justice vivoit,*
*Cœur qui de force et de conseil servoit,*
*Cœur que le ciel honora dès enfance.*

*Cœur non jamais ny trop haut, ny remis,*
*Le cœur des siens, l'effroi des ennemis,*
*Cœur qui fut cœur du roi Henry, son maistre,*

*Roy qui voulut qu'un sépulchre commun*
*Les enfermast après leur mort, pour estre*
*Come en vivant deux mesmes cœurs en un* [1].

Dans la même chapelle, il y a encore beaucoup d'autres épitaphes. Le cœur de Henri II y a été déposé, et, après une longue série de vers latins, on peut lire les deux vers suivants :

*Hic sua Rex Regina simul statuere reponi*
*Corda; locus veri pignus amoris erit* [2].

Ce dernier monument, ainsi que d'autres édifiés dans l'église des Célestins, ont été construits en marbre du plus grand prix et avec infiniment d'art. Aussi les ai-je tous regardés avec admiration.

Lorsqu'on se dirige de la forteresse de la Bastille vers le nord, on arrive au marché aux chevaux, qui forme une place très étendue, on y dresse les chevaux et on en met continuellement en vente. Tout à côté de ce marché, dans la direction de la Seine, se trouve la rue Saint-Antoine et la porte du même nom, près de la Bastille. Lorsqu'on quitte cette rue, on se trouve sur la *place de Grève*, où ont lieu généralement les exécutions. Les criminels dont on n'a pu s'emparer sont reproduits en effigie sur de grands placards, accrochés à la potence et écartelés. De cette place on peut se rendre à la Seine, où se trouve un port; on peut se faire conduire soit dans l'île soit dans l'Université.

J'ai vu, le 7 août, sur cette place de Grève, conduire sur l'échafaud et écarteler avec un fer très lourd un gentilhomme de Poitiers, auquel on avait infligé le supplice de la roue. Il avait révélé, un peu avant sa mort, de nombreux secrets relatifs à des assassinats qu'il avait commis; il les avait confiés à un notaire;

---

1. Voyez Piganiol de la Force, t. IV, p. 201; *Épitaphier du vieux Paris*, t. II, p. 393.

2. Voyez *Épitaphier du vieux Paris*, t. II, p. 374.

il avait, entre autres méfaits, déclaré avoir coupé les oreilles à un prêtre et l'avoir forcé à les manger.

On voit aussi sur cette place la *Maison* ou *Hôtel de ville*, à l'angle de la rue Saint-Antoine. A côté se trouve une grande arcade qui sert d'entrée à la rue[1].

En dehors des palais que j'ai cités jusqu'à présent, il y a encore plus de quarante magnifiques hôtels habités par des princes, entre autres *l'hôtel de Bourbon*[2], *l'hôtel de la Reine*[3], puis *celui de Nevers*[4], sur la Seine, ainsi que celui des *ducs de Lorraine*[5], et beaucoup d'autres. Ces hôtels sont ornés de fort beaux jardins, d'antiquités provenant de l'étranger, de salles élégantes et de beaux appartements qui en font de véritables résidences princières. Il y en a un notamment, je crois que c'est celui du prince de Condé[6], dans lequel se trouve une pièce entièrement tapissée avec de belles glaces de Venise.

A *l'hôtel de Bourgogne*, il y a un comédien nommé Valeran, engagé par le roi. Il joue tous les jours, après le repas, une comédie en vers français et débite ensuite une farce sur ce qui peut être arrivé de drôle à Paris soit en fait d'amourettes ou d'autres anecdotes du même genre. Il fait si bien ce récit en vers sans rimes, ou en prose, et en l'émaillant de plaisanteries tellement bouffonnes, qu'on ne peut presque pas se retenir de rire, surtout si l'on connaît l'histoire ou les personnes qui y jouent un rôle. Car tout ce qui se passe d'extraordinaire à Paris, aussitôt divulgué,

---

1. L'arcade Saint-Jean. L'Hôtel de ville n'était pas encore terminé, les travaux n'ayant été achevés qu'en 1628.

2. L'hôtel de Bourbon, qui avait été rasé en partie en 1527, après la trahison du connétable, était situé sur l'emplacement actuel de la partie orientale du Louvre. La chapelle allait être utilisée quinze années après, en 1614, pour la réunion des États généraux. Il a été démoli en 1660.

3. L'hôtel de la Reine, devenu plus tard l'hôtel de Soissons, démoli en 1748, lors de la création de la Halle au blé.

4. L'hôtel de Nevers était situé sur l'emplacement de l'hôtel des Monnaies et de l'Institut.

5. Cet hôtel, qui existe encore et est devenu plus tard la propriété du président de Nesmond, avait appartenu autrefois aux ducs de Lorraine. Il est situé quai de la Tournelle, à l'angle de la rue des Bernardins. Voyez Jaillot, *Recherches sur la ville de Paris*, t. IV, quartier de la place Maubert, p. 138.

6. L'hôtel de Condé est devenu plus tard l'hôtel des Fermes du Roi. Françoise d'Orléans-Rothelin, seconde femme et veuve de Louis de Bourbon, Ier du nom, prince de Condé, en fit l'acquisition en 1573 et lui donna son nom qu'il a porté jusqu'à 1601. (Voyez Piganiol de la Force, *Description de Paris*, t. III, p. 248.)

est transmis à Valeran. Il en fait une comédie et tout le monde y court pour écouter la farce qu'il raconte à la fin de la représentation. Il est en outre fort habile à ajouter une foule de choses dans sa comédie. Les représentations ont lieu dans une grande salle, sur une estrade tendue de tapisserie; les gens du peuple ne paient que moitié prix, à la condition de rester debout. Mais les spectateurs payant place entière peuvent monter dans les galeries, où ils peuvent s'asseoir, se tenir debout ou s'appuyer sur une rampe, de façon à voir beaucoup mieux. C'est là où les dames ont l'habitude d'aller. Il y a tant de monde tous les jours dans cet hôtel et les comédies durent si longtemps qu'elles ne se terminent qu'à la lueur des torches [1].

Il y a encore à Paris beaucoup d'autres comédiens, artistes et musiciens qui exhibent en tout temps des choses merveilleuses ou artistiques, en allant plusieurs fois par jour d'une rue à l'autre. D'autres s'établissent dans un quartier, y font des annonces et encaissent de l'argent. Quand il leur semble que tout le quartier a à peu près contribué à leur en fournir, ils se rendent à un autre endroit de la ville, jusqu'à ce qu'ils aient encaissé une grosse somme. J'ai vu et entendu cela très souvent à Paris. Car les Parisiens sont si curieux qu'on les appelle *badauds* [2]; et comme il y a toujours beaucoup de monde dans la ville, celui qui a quelque chose d'extraordinaire à raconter y va de suite pour le faire et ramasser de l'argent.

Il vient aussi de l'étranger des comédiens italiens ou anglais qui jouent en même temps que les comédiens du roi; ils retiennent quelquefois des places spéciales, ainsi que je les ai vus et entendus dans d'autres endroits. J'ai vu, par exemple, à un certain moment, dans l'Université, un Espagnol porter avec les dents, sur le front, sur la poitrine, et sans s'aider avec les

---

1. Pour les représentations de *Valeran* ou *Valleran,* à l'hôtel de Bourgogne, voyez E. Rigal, *Alexandre Hardy ou le théâtre français,* p. 115, 117 et 122; les *Historiettes* de Tallemant des Réaux (3ᵉ édition, publiée par MM. de Monmerqué et P. Paris), t. V, p. 72, et t. VII, p. 170 et 179; E. Soulié, l'*Inventaire des titres et papiers de l'hôtel de Bourgogne* (Paris, 1863, in-8ᵉ), p. 151. Germain Bapst, *Essai sur l'histoire du théâtre,* p. 177. Voyez aussi Victor Fournel, *les Contemporains de Molière,* t. I, Introduction, p. 40. D'après un passage du *Voyage de maistre Guillaume en l'autre monde,* cité dans ce dernier ouvrage, Valleran devait être encore en 1612 à l'hôtel de Bourgogne, qu'il quitta plus tard pour aller au théâtre du Marais.

2. En français dans le texte.

mains, un de ces arbres qu'on place chez nous en travers des voitures de foin. Il en fit de même avec une lourde bille de chêne et avec de hautes échelles à incendie. Les veines de son cou atteignaient la grosseur du petit doigt, tant elles se remplissaient de sang, et on craignait qu'elles ne vinssent à se rompre. Il se promenait en portant sur la langue au moins une douzaine d'armes nues, emmanchées les unes dans les autres; ensuite il les plaçait sur sa main gauche, les faisait tourner comme une quenouille sans se blesser le moins du monde. Il faisait encore d'autres tours de force, dont je ne me souviens plus. C'était un jeune homme châtain foncé, fort, né en Espagne, à ce qu'il disait.

Le dimanche 8 août, en sortant de chez la fille de la femme de Pluvier, à laquelle j'avais apporté une lettre de sa mère (elle avait un procès pendant à Paris et habitait rue Saint-Paul), je vis, en descendant la Seine, une corde tendue à travers le fleuve. On y avait attaché une oie avec une ficelle, et ceux qui passaient en bateau cherchaient à s'en emparer. Mais ils tombaient à l'eau, à la grande joie des spectateurs.

Dans une auberge de la rue Saint-Jacques, j'ai vu une femme, âgée d'environ quarante ans, d'origine hambourgeoise, d'une taille de trois pieds; elle parlait français et anglais; elle n'avait pas de bras, elle avait les genoux dans les hanches et la partie supérieure des cuisses lui manquait. Mais elle savait enfiler une aiguille avec les pieds, jouer aux dés, bien écrire et faire beaucoup d'autres choses, toujours avec les pieds. J'ai vu plus tard, ici, à Bâle, un jeune garçon, bâti de la même façon et qui savait aussi écrire, jouer et coudre. On m'a dit également que cette fille était toujours très frivole. On l'a exhibée dans plusieurs endroits de la ville et on a gagné ainsi beaucoup d'argent. Ceux qui veulent voir des êtres difformes, ou en général toute espèce de tours de force, peuvent en voir, pendant toute l'année, en grande quantité.

Presque au centre de la ville, et à côté du cimetière de Saint-Innocent, il y a une place entourée d'arcades. On la nomme *les Halles*. Elles ont été construites par le roi Philippe-Auguste, afin que les commerçants puissent mettre leurs marchandises à couvert et dans un endroit sûr lors de la foire de Saint-Ladre [1].

---

1. Pour l'établissement des Halles, voyez les titres cités par Jaillot, *Recherches historiques sur Paris*, t. II, quartier des Halles, p. 20, 24 et suiv.

Cette foire a été nommée ainsi parce que ledit roi a acheté aux malades de Saint-Ladre le droit qu'ils avaient tous les ans, pendant quinze jours, de tenir une foire à Paris[1]. Ce droit fut alors concédé à la ville. A côté de cette place se trouvent quelques rues, dont l'une est appelée *la Friperie*. Dans ces voies ne demeurent que des industriels qui vendent et échangent des habits de toutes sortes, tant vieux que neufs, comme le font les Juifs à Avignon. On entend un tel vacarme lorsqu'on arrive dans les rues qu'ils habitent que cela fait pitié, car c'est à qui occupera le premier rang. Si on entre dans leur magasin, ils étalent devant le client habits et marchandises et demandent à les vendre où à faire des échanges. Ils savent arranger avec tant d'habileté les vieux habits, que l'on croirait qu'ils sont neufs. En outre, leurs maisons et leurs magasins sont sombres. En somme, leur commerce ressemble tout à fait à celui des Juifs d'Avignon, dont j'ai parlé plusieurs fois. C'est pour ce motif qu'on les appelle, avec raison, fripiers, c'est-à-dire raccommodeurs d'habits, ou fripons. Si vous passez devant leurs magasins, ils remarquent tout de suite s'il manque quelque chose dans votre costume ; ils vous engagent à l'acheter chez eux, en vous disant que nulle part vous ne le trouverez en aussi bonne qualité et à aussi bon marché.

On leur apporte aussi beaucoup de choses volées, et on leur donne des marchandises en gage. Ils prêtent pour un aussi long délai qu'on le désire, mais contre de gros intérêts et à condition de leur laisser en gage des habits ou des étoffes. Quelques courtisans en profitent pour aller s'y parer lorsqu'ils veulent briller dans une cérémonie, puis ils rapportent rue des Fripiers habits et étoffes après la fête.

A côté des fripiers sont de nombreux marchands de drap qui font des chausses pour hommes ; on les nomme drapiers et chaussetiers, et on trouve chez eux tout ce qu'on peut désirer en fait de beau drap aussi bien que des chausses toutes faites. On peut aussi acheter du drap et le donner au chaussetier pour en faire des chausses. Mais le reste du drap est remis aux tailleurs, qui ont seuls le droit de faire des habits d'hommes et de femmes. Chez ces derniers, on

---

1. Pour la foire Saint-Ladre, ou Saint-Lazare, voyez l'abbé Lebeuf, *Histoire de la ville et de tout le diocèse de Paris* (édition de 1883), t. I, p. 300 ; *Rectifications et additions*, par M. Bournon, t. I, p. 315 et suiv. C'est en 1183 qu'elle a été transportée aux Halles.

trouve à volonté des pourpoints tout faits. On peut de même se faire habiller par le tailleur en lui donnant l'étoffe dont il a besoin, ou en se chargeant de la procurer; si l'on s'entend à cet effet avec le tailleur, ce dernier se charge également du pourpoint que l'on appelle aujourd'hui gilet. En général, si on ne donne pas l'étoffe aux tailleurs ou à ceux qui font les chausses, ils vous volent beaucoup trop de drap.

Tout à côté du cimetière est la rue appelée « *de la Lingerie;* » on y vend différentes toiles de belle qualité; en sorte que l'on peut, dans ce quartier, se pourvoir d'habits et de tout ce dont on a besoin pour se vêtir.

La grande *rue Saint-Honoré* est située tout près des rues que je viens de décrire. Comme je sortais de la rue de la Lingerie, je suis allé par une porte de derrière au cimetière des Innocents, qui était autrefois un repaire de brigands (*lucus et latrocinium*), mais qui est aujourd'hui l'un des cimetières les plus importants de Paris; il est situé dans la rue Saint-Denis. On m'a dit que la terre de ce cimetière décompose les cadavres dans l'espace de neuf jours[1]. Tout alentour sont disposées quatre-vingts arcades, le long desquelles a été empilé un nombre infini d'ossements et de têtes de morts. Cette voûte fait le tour du cimetière; au centre se trouve une chapelle[2]. Parmi les nombreuses épitaphes (*epitaphia*), j'ai vu celle d'une femme qui a donné le jour à 295 enfants. A moins de traverser le cimetière à une heure indue, on est sûr d'y rencontrer des personnes qui prient pour les morts sur les tombes qui sont autour du cloître, et même en plein air sur celles qui sont dans le cimetière; ils chantent afin d'obtenir qu'ils soient bientôt délivrés du purgatoire. On y engage de petits mendiants, qui, moyennant quelques pièces de monnaie, s'obligent à chanter à de certaines heures, et à haute voix, des cantiques bizarres

---

1. Pour le cimetière des Innocents, voyez Jaillot, *Recherches sur Paris*, t. II, quartier des Halles, p. 15; Lebeuf, *Histoire de la ville et du diocèse de Paris* (édition de 1883), t. I, p. 47, et les Additions de Cocheris, t. I, p. 195; on y trouvera l'énumération de tous les personnages inhumés dans le cimetière, et les travaux de Bonnardot publiés dans la *Revue universelle des arts* de 1855 à 1860. Voyez enfin *Paris à travers les âges, le cimetière des Innocents et les Halles*, par l'abbé Valentin Dufour.

2. C'est probablement le Prêchoir. Voyez ce qu'en dit l'abbé Dufour, *Paris à travers les âges*, p. 15.

en l'honneur des défunts, comme je l'ai entendu plus tard et comme ils me l'ont déclaré eux-mêmes. C'est un usage général dans les pays catholiques qu'à l'entrée de l'église se trouvent de jeunes enfants de chœur qui vous proposent de chanter une ou plusieurs messes moyennant un sou, on me l'a souvent proposé à moi-même.

Je suis allé ensuite visiter l'*église Sainte-Opportune*, située également dans la rue Saint-Denis, en face du cimetière des Innocents, et où se trouvent plusieurs belles épitaphes. J'ai copié les deux inscriptions suivantes, dont l'une a été rédigée par une veuve affligée, à la mémoire de son époux, tandis que l'autre a été dédiée au défunt par un de ses bons amis.

Les voici :

IN TEMPLO SANCTÆ OPPORTUNÆ, FRANCISCI CONNANI[1].

*Uxor mœsta sui dum cernit busta mariti,*
*Tunc ternos amplexa gemens in funere natos,*
*Quid me linquis, aït, miseroque dolore sepultam*
*Deseris, o conjunx? Ah! si nunc cara jugalis*
*Te tenet ulla tori, lacrimis gemituque tuorum*
*Flecteris, hanc animam, quæso, rape, namque perempto,*
*Te superesse piget, nulla fruar ante quiete*
*Quam mihi fatales dissolvant stamina Parcæ,*
*Jamque dolore amens tabesco et tempora vitæ*
*Longa meæ nec erunt, primisque extinguam in annis.*
*Mors mihi grata foret, positura morte labores,*
*Et nos una duos tandem teget urna, meusque*
*Spiritus æterno tecum potietur amore.*

L'épitaphe a été rédigée par une veuve qui se plaint que son mari ne l'ait pas emmenée avec lui, et elle ne désire que la mort afin d'aller le rejoindre[2].

---

1. François Conan, maître des requêtes, décédé en septembre 1551. Voyez les Additions de Cocheris à l'*Histoire de la ville et du diocèse de Paris*, de l'abbé Lebeuf, t. I, p. 188.

2. Voyez, pour cette église, Lebeuf, *Histoire de la ville et du diocèse de Paris*, t. I, p. 41 ; les Additions de M. Bournon, t. I, p. 19, et celles de Cocheris, t. I, p. 187. Voyez également Jaillot, *Recherches sur Paris*, t. I, quartier Sainte-Opportune, p. 32.

Voici l'autre épitaphe qui se trouve dans la même église :

*J. A. Tro. Amico Pientiss. Posuit*
*Calend. Mart. M. D. L. I.*

> *Mort est le corps de cette âme vivante,*
> *Qui ne reçoit maintenant que plaisir,*
> *Et ici-bas, moi pauvre languissante,*
> *Ne vis qu'en deuil, douleur et déplaisir.*
> *Que dois-je donc désormais plus choisir*
> *Pour mon repos et future allegence,*
> *Si non la mort ? De laquelle à loisir*
> *L'heure j'attends qui tout recompense.*

En me dirigeant ensuite vers la rue Saint-Honoré, j'ai vu une grande croix dénommée : la *Croix du Tyrouer*, en raison d'une porte de ce nom qui aurait été démolie, ou parce que, selon certains auteurs, c'est en ce lieu que la reine Brunehilde aurait été mise en lambeaux par quatre chevaux, à cause de ses crimes à l'égard de plusieurs princes et rois de France [1].

De là, je me rendis à l'église Saint-Honoré, chez le chirurgien Sorg, de Schaffhouse, qui demeure à l'auberge du Lion, dans la rue de la Gemelle [2] et que j'avais connu à Lyon. Ce personnage avait placé dans une grande salle, où sont disposées quelques planches, plus de mille petits oiseaux au moins ; on y voyait des chardonnerets, des canaris, des serins, des bouvreuils, des pinsons et autres oiseaux chanteurs ; on était tout à fait abasourdi par le bruit. C'était là tout son plaisir, et il dépensait beaucoup d'argent pour le satisfaire. Je l'ai vu souvent aller à cheval au marché aux Oiseaux, qui se trouve derrière le pont des Orfèvres [3] et non loin du Châtelet. Il achetait alors ce qui lui plaisait et il m'a raconté que sa première acquisition s'était élevée à plus de cinq cents couronnes et que, de plus, il avait à payer jusqu'à cinq francs par jour pour le nettoyage de la salle et la nourriture des oiseaux. Il m'a ajouté qu'il consacrait tous ses bénéfices à ses oiseaux, tant il était passionné pour eux, mais que dernièrement il en avait été

---

1. Pour les différentes étymologies de la Croix du Tiroir, voyez Berty, *Topographie historique du vieux Paris*, t. I, p. 49. On sait que la reine Brunehaut n'a pas été mise à mort à Paris.

2. C'est probablement la rue de Grenelle, aujourd'hui réunie à la rue Jean-Jacques-Rousseau.

3. Platter a voulu désigner évidemment le quai de ce nom.

dégoûté et qu'il les avait cédés au roi qui les avait vus chez lui. Ce dernier ne lui en donna que quatre cents couronnes au soleil et les distribua dans ses diverses volières.

J'allai ensuite à l'église Saint-Eustache, dont le prévôt de Paris a posé la première pierre, le 9 août 1532[1]. Près de cet édifice se trouve une place dénommée la *Croix-Neuve*[2]. En s'éloignant vers la rue Saint-Denis, on voit une autre place où se trouve le *pilori*; c'est un échafaud où ont lieu les exécutions. Il y a en outre d'autres rues et d'autres places où on a l'habitude de pendre, de décapiter et d'infliger le supplice de la roue ou d'autres peines corporelles aux malfaiteurs. Il ne se passe pas une semaine, ou même quelques jours, sans qu'il n'y ait une exécution à Paris, sur un point quelconque de la ville. Elle est en effet si étendue et si peuplée que les occasions se présentent pour les malfaiteurs la nuit comme le jour. Mais ils sont punis très sévèrement, comme j'ai pu m'en rendre compte en assistant à quelques exécutions.

Dans la longue et importante rue Saint-Denis, ainsi que dans beaucoup d'autres endroits de la ville, il y a de nombreuses auberges, des gargotes, des restaurants et des pâtisseries, ainsi que des maisons où l'on peut voir arriver à toute heure des oiseaux vivants, tels que pigeons, cailles, gelinottes, faisans et autres gibiers à plumes. En conséquence, si l'on veut organiser un banquet et y mettre le prix, on peut se procurer tout ce qu'on désire, plumé à vif, lardé ou rôti. Il ne manque pas non plus de poissons, de denrées coloniales, de sucreries et de bons vins, et personne ne peut, s'il lui arrive à l'improviste un hôte, fût-ce le roi lui-même, s'excuser de ne pouvoir le recevoir, car en une demi-heure on peut, sur demande, organiser un repas princier. Si l'on ne veut pas se donner la peine de recevoir dans sa propre maison, on peut, en dehors des bonnes auberges et des hôtels, trouver des personnes qui louent des salles, comme on le voit aux enseignes des maisons : *Salles pour banquets*. Pour l'organisation d'un repas, on ne demande qu'à en connaître le jour, le plus ou moins de splendeur que l'on veut lui donner, le nombre des convives, quels sont ceux qui doivent y prendre part, à quelle

---

1. Ce n'est pas le 9 août, mais le 19, qu'a été posée la première pierre de Saint-Eustache, par Jean de la Barre, prévôt de Paris.

2. Elle était placée devant l'église Saint-Eustache. Voyez ce qu'en dit Jaillot, *Recherches sur Paris*, t. II, quartier Saint-Eustache, p. 47.

classe ils appartiennent et combien on désire payer par tête. On peut faire un banquet à un, deux, trois, quatre, cinq, six, sept, huit, neuf et jusqu'à douze francs par personne. L'amphitryon ne regrette pas ses quatre couronnes par tête, et il se voit obligé, au contraire, de remercier l'hôtelier en lui disant qu'il a bien gagné son argent; car les organisateurs s'entendent si bien à tout régler selon le goût des convives, à avoir des mets choisis, des desserts, des vases et de riches tapisseries pour orner la salle, des meubles, des servantes, de la musique et de la comédie qu'on croit avoir le paradis sur terre. Car, à Paris, on peut acheter ou emprunter tout ce qu'on veut pour de l'argent.

De tels festins se donnent généralement à l'occasion d'un départ, de l'achat d'une maison, d'un mariage, d'une fête, d'un anniversaire, de l'heureuse issue d'un procès, ou à l'occasion d'un pari. Il y a encore, et journellement, beaucoup d'autres motifs pour banqueter, et où l'on peut passer le temps à manger, boire, écouter la musique, danser et se divertir. On peut s'étonner que, quoiqu'il y ait beaucoup d'endroits où on puisse manger, tous les hôtels soient constamment pleins, ainsi que les auberges. J'en ai fait moi-même la remarque, car, en voyant tant de monde dans la rue, je croyais qu'il ne restait plus personne dans les maisons; et, néanmoins, je trouvais les maisons et les auberges toujours pleines lorsque je voulais y descendre. Ainsi, à mon retour des Pays-Bas, j'ai logé pendant quelque temps à l'auberge et je m'y réfugiais à la tombée de la nuit. Lorsqu'un aubergiste voit arriver un hôte qui demande à être traité simplement et à ne payer que ce que l'on paie d'ordinaire, selon le désir du roi, il ne se gêne généralement pas avec lui. Mais si on demande à être bien traité, coûte que coûte, on vous sert des choses exquises et autant que vous en voulez, tout le monde est à votre service et vous avez tout ce que vous pouvez désirer. Ce n'est que lorsqu'on règle la dépense qu'il s'élève beaucoup de contestations, et on ne paie généralement que la moitié de ce qu'exige l'hôtelier.

La plupart des étudiants étrangers et des pensionnaires qui viennent à Paris logent chez les particuliers en chambre garnie; ils paient un loyer mensuel pour le logement, et paient à part le bois et la nourriture. Lorsque plusieurs d'entre eux se réunissent pour prendre un logement, ils prennent un domestique pour acheter ce qu'il leur faut et préparer leur repas. Ils font souvent une collation dans les restaurants et dans les cabarets, achètent des plats dans les gargotes et trouvent le vin et le pain dans les cabarets. On vous demande d'abord si vous voulez du vin à quatre, cinq, six, sept ou huit sous la mesure, et si vous désirez du vin doux ou de la bière de bonne qualité, on vous le fait parvenir moyennant l'argent nécessaire. Il se fait à Paris un grand commerce de vin; des hommes riches le vendent dans les auberges.

Il y a aussi, à Paris, de nombreux jeux de paume, surtout dans les faubourgs; lorsqu'on démolit une maison, on établit souvent un jeu de paume sur son emplacement. On en tire ainsi plus de profit qu'en reconstruisant la maison, car on prête sur ces jeux autant que sur une maison. Certains prétendent qu'il y a à Paris environ 1,100 jeux de paume; en admettant qu'il n'y en ait que la moitié, le nombre en est déjà respectable. Comme je l'ai vu, il y a de nombreux joueurs à la balle.

On voit également beaucoup de rues importantes et très peuplées; des commissaires y sont préposés au maintien de l'ordre. Le bruit ne cesse pas de la nuit, et, afin qu'on puisse circuler avec plus de sécurité, soit en voiture, soit à pied, soit à cheval, et surtout lorsqu'ont lieu de grands bals à l'occasion desquels la circulation des voitures est très importante, on accroche des lanternes à toutes les rues, selon leur longueur. Le soir, on y allume des bougies et on les laisse brûler jusqu'à ce qu'elles s'éteignent, ce qui se produit vers deux heures du matin [1]. Mais c'est alors qu'il faut prendre ses précautions. Lorsque les lanternes sont allumées, on voit suffisamment clair pour traverser la ville à pied ou en voiture, mais cet avantage n'existe que depuis la Saint-Michel jusqu'au printemps; les bourgeois doivent fournir les bougies ou leur valeur pour éclairer les rues qu'ils habitent respectivement. Malgré cet éclairage, il ne se produit pas moins beaucoup d'attaques nocturnes; on dévalise les passants, quelquefois même on les blesse ou on les tue. Dans ce cas, on a beau crier, aucun bourgeois ne sort de sa maison pour venir en aide à celui qui est attaqué, et il peut mourir si le guet, qui traverse à cheval certaines parties de la ville, ne se trouve là par hasard pour le délivrer. Il y a bien moins de risques à voyager dans une forêt vierge qu'à

---

1. Pour la sécurité et l'éclairage de la ville au xvi<sup>e</sup> siècle, voyez Édouard Fournier, *les Lanternes de Paris*, p. 18. On était alors sous le régime de l'ordonnance royale du 21 février 1558.

se trouver la nuit dans les rues de Paris, surtout lorsque les bougies des lanternes sont éteintes.

Dans l'église Saint-Jacques se trouvent les restes du célèbre médecin Fernel, auteur de plusieurs livres de médecine fort utiles. Son épitaphe se trouve près du grand autel[1] :

DEO IMMORT. OPT. MAX. ET CHRISTO JESU HOMINUM SALVATORI
SACRUM.

*Joanni Fernelio Ambianensi, Henrici II Galliarum regis consiliario et primo medico, nobilissimo, atque optimo reconditarum et penitus abditarum rerum scrutatori et explicatori subtilissimo, multorum salutarium medicamentorum inventori, veræ germanæque medicinæ restitutori, summo ingenio, exquisitaque doctrina mathematico, in omni genere philosophiæ, claro, omnibus ingenuis artibus instructo, temperatissimis, sanctissimisque moribus prædito, socero suo pientissimo, Philibertus Barjotius[2], supplicum libellorum in regia magister, magnique regis Consilii præses, affinitate gener, pietate filius, mœrens posuit, anno a salute mortalibus restituta M. D. LVIII.*

*Obiit xxvj april. ann. M. D. L. VIII; vixit ann. LII.*

Dans cette même église, devant le chœur, on lit encore ces belles épitaphes :

*Stephano Gouardi ab Ameronge Ultrajectensi
Joann. ab Ameronge fr. mœstus posuit.*

*Quisquis ad hoc venies non grandi ætate sepulcrum
Disce, malo poteris doctior esse meo.
Formæ nemo suæ confidat, nemo juventæ,
Lanificas nequeunt ista movere deas.
Nec juvat immensis didicisse laboribus artes,
Mors et doctis injecit atra manus.*

---

1. Jean Fernel, surnommé le Galien moderne, né à Amiens en 1497, comme le constate l'inscription, et non point à Clermont, ou à Montdidier, comme l'ont prétendu certains biographes, doit sa célébrité non seulement à ses ouvrages de médecine, mais à ses travaux sur la mesure d'un degré du méridien. Il est arrivé en effet, par un procédé aussi simple qu'ingénieux, à prendre très approximativement cette mesure entre Paris et Amiens ; il l'a évaluée à 56,746 toises, ne se trompant que de 278 toises. Voyez, pour le texte de l'inscription, Piganiol de la Force, *Description historique de la ville de Paris*, t. II, p. 89.

2. Philippe Barjot, maître des requêtes et président au Grand Conseil.

*Mi nihil illorum facilis natura negarat,*
*Et tamen obscuras cogor inire vias,*
*Securus miser exitus ignarusque futuri,*
*Vive memor leti, mors inopina venit.*

*Obiit Lutetiæ, ann. ætatis xxiv,*
*V nov. ann. M. D. LX.*

Il y a en tout, dans cette grande ville, trente et une églises, dix couvents, quatre hôpitaux et huit chapelles.

Six *ponts* traversent la Seine; plusieurs sont très fréquentés. Ils sont plus beaux que ne le sont en général les ponts des grandes villes. Voici leurs noms : 1º le *pont Notre-Dame*, 2º le *pont au Change*, 3º le *pont aux Meuniers*[1], qui s'est écroulé et a été remplacé depuis par un autre pont appelé *Pont-Neuf*, 4º le *Petit-Pont*, 5º le *pont des Augustins*, 6º le *pont Saint-Michel*.

Le premier et le plus important porte le nom de Notre-Dame, en mémoire de la grande église voisine, il est tombé le 5 octobre 1499[2] dans la Seine, avec soixante maisons. Le prévôt des marchands fut puni, cette catastrophe ayant eu lieu tant par sa faute que par celle des échevins. Depuis, le pont a été reconstruit beaucoup plus magnifiquement; six voûtes ont été établies sur pilotis.

Sur l'une d'elles on peut lire les vers suivants :

*Jucundus geminos posuit tibi, Sequana, pontem,*
*Hunc tu jure potes dicere pontificem*[3].

Il paraît en effet que c'est un Franciscain qui en a commencé

---

1. Le pont aux Meuniers s'étant écroulé en 1596, Charles Marchand, capitaine des arquebusiers et archers de la ville, le reconstruisit à ses frais ; achevé en 1609, il fut brûlé en 1621. On l'appelait *pont Marchand* (du nom de celui qui l'avait fait construire) ou *pont aux Oiseaux*, chacune des maisons qui avaient été construites sur ce pont ayant pour enseigne un oiseau peint sur un cartouche (voyez Jaillot, *Recherches sur Paris*, t. I, *Quartier de la Cité*, page 172). Il y avait vraisemblablement un lien de parenté entre Charles Marchand et Guillaume Marchand, l'un des principaux architectes du Pont-Neuf (voyez R. de Lasteyrie, *Documents sur la construction du Pont-Neuf*, dans les *Mémoires de la Société de l'Histoire de Paris*, t. IX, p. 8 et suiv.).

2. Le 25 octobre. Voyez, sur cet incendie, le travail de M. Jules Cousin sur la Cité, dans *Paris à travers les âges*, p. 8.

3. Ce texte est différent de celui qui a été publié jusqu'ici. Voyez Jaillot, *Recherches sur Paris*, t. I, *Quartier de la Cité*, p. 196, et le travail de M. Jules Cousin, cité plus haut, p. 15.

la construction, et qu'il se nommait Jucundus. Il a soixante-dix
pas de long et vingt-huit de large. On y a élevé soixante-huit
belles maisons, absolument symétriques, qui ont la même hauteur
et la même largeur, chacune a sa propre cave. Les maisons dissi-
mulent tellement le pont que l'on ne peut pas dire où il commence
et où il finit, à moins qu'on ne remarque à chaque extrémité,
près d'une maison, un grand vaisseau taillé en pierre, qui indique
l'entrée. Sur ce pont, il n'y a à peu près que des marchands, qui
ont de fort beaux magasins. Devant chacun d'eux, afin qu'on le
reconnaisse, se trouve une enseigne spéciale; la plupart des marchands vendent des plumes pour chapeaux et des soieries. Il y
a tant de monde sur ce pont qu'on s'y bouscule tout autant que
sur notre marché au blé.

Le deuxième pont est le *pont au Change* ou *des Orfèvres*,
parce qu'il n'y demeure que des changeurs et des orfèvres. Les
maisons sont basses et doivent être reconstruites tous les cinquante ans. On ne peut s'imaginer la fortune que représentent
les ouvrages en or et en argent et les monnaies qui s'y trouvent;
on s'étonne seulement que, dans une ville aussi importante, ce
trésor soit gardé avec autant de négligence, car une inondation
pourrait enlever le tout, comme cela est arrivé en l'année [15]97[1]
au troisième pont, nommé *pont des Meuniers*, qui a été bâti sur
pilotis comme le précédent. Il est tombé, pendant la nuit, dans
l'eau, entraînant beaucoup de victimes, qui périrent dans la catastrophe. Sur le pont au Change, on trouve à changer toute espèce
d'argent, mais il faut toujours payer le change pour chaque affaire.
On peut aussi y acheter de l'orfèvrerie et des objets d'art, une
seule pièce a été estimée à cinquante mille couronnes. Les perles
et les pierres précieuses sont étalées en grand nombre sur le pont.
Tous ceux qui vont au Palais ou en reviennent sont obligés de
le traverser, ce qui fait qu'il est toujours aussi fréquenté. Les
passants se croisent sans se saluer, à moins de se connaître très
intimement, on aurait, en effet, beaucoup à faire s'il fallait tirer
un coup de chapeau à chaque passant[2]. Ces trois ponts réunissent
l'île à la ville.

---

1. Il est probable que Platter fait ici allusion à la destruction du pont
aux Meuniers, qui a eu lieu le 22 décembre 1596 (voyez la note ci-dessus,
p. 44).

2. « J'ai mentionné au fol. 513 (p. 44) le troisième pont; je ne l'ai plus vu

Le quatrième pont est appelé *Petit-Pont*, il réunit l'Université à l'île et se termine à l'*Hôtel de Dieu*.

Le cinquième pont est le *pont des Augustins,* il a été ainsi nommé parce qu'il commence près de l'église de ce nom, dans l'Université; il se dirige vers l'île, et les arches sont en pierre. De l'île, on l'a prolongé vers la ville, on l'appelle maintenant le *Pont-Neuf*, et il va tout près du Louvre. Lorsque je logeai dans ce quartier, il n'était pas encore entièrement construit, et, pour aller du Louvre au faubourg Saint-Germain ou dans les environs, il fallait traverser la Seine en bateau [1].

Le sixième et dernier pont est le *pont Saint-Michel*, sur lequel il y a également beaucoup de maisons; ses arches sont en bois. Il va de l'Université à l'île.

Il y a encore à voir, dans toute la ville, une foule de choses intéressantes, tant anciennes que modernes; je n'en fais pas mention, parce qu'il existe un livre spécial in-8°, qui en donne la description; il est vrai que je ne l'ai jamais lu [2].

Je termine en énumérant les quatorze portes qui donnent accès à la ville.

La première porte, située à l'entrée de l'Université, près de la Seine et en face du Louvre, se nomme la *porte de Nesle*. La deuxième, qui se trouve plus près de Saint-Germain, est la *porte de Bussi*. La troisième est la *porte de Saint-Germain;* la quatrième, la *porte Saint-Michel;* la cinquième, la *porte Saint-Jacques;* la sixième, la *porte Saint-Marceau*, appelée également *porte Bordelle;* la septième, la *porte Saint-Victor*, qui conduit au faubourg du même nom.

Ces sept portes se trouvent dans l'Université.

La huitième porte est la *porte Saint-Antoine*, près de la Bastille; la neuvième, la *porte du Temple;* la dixième, la *porte Saint-Martin;* la onzième, la *porte Saint-Denis (porte Royale);* par

---

en place. Il avait été démoli. Les meuniers y moulaient autrefois leur blé. » (Note de Platter, fol. 776.)

1. Pour la construction du Pont-Neuf, voyez les *Documents inédits sur la construction du Pont-Neuf*, publiés par M. de Lasteyrie (*Mémoires Soc. Paris*, t. IX, p. 1). Platter est le seul, à ma connaissance, qui désigne la partie construite sur le petit bras de la Seine sous le nom de pont des Augustins.

2. Il s'agit ici évidemment de l'ouvrage de Corrozet, revu par Bonfons : *les Antiquitez, chroniques et singularitez de Paris*. Paris, Nicolas Bonfons, 2 vol. in-8°, 1586-1588.

laquelle le roi fait son entrée à Paris; la douzième, la *porte de Montmartre;* la treizième, la *porte Saint-Honoré;* la quatorzième, la *Porte-Neuve,* qui est juste en face de la porte de Nesle[1]. On passe par cette dernière porte pour aller du château du roi dans son jardin, là où il est en train de faire élever sa nouvelle construction si magnifique[2].

Les sept dernières portes sont situées dans la ville, qui, ainsi que l'Université, est entourée, comme les portes ci-dessus désignées, de tours, de remparts, de bastions[3] et de fossés.

Les faubourgs forment la quatrième et dernière partie de la ville; il y en a neuf[4], qui sont : 1° *Saint-Germain,* 2° *Saint-Michel,* 3° *Saint-Jacques,* 4° *Saint-Marceau,* 5° *Saint-Victor,* 6° *Saint-Martin,* 7° *Saint-Denis,* 8° *Montmartre,* 9° *Saint-Honoré.* Les cinq premiers font partie de l'Université à laquelle ils confinent, les quatre derniers font partie de la ville.

Le premier faubourg est celui de *Saint-Germain;* il est très étendu et aussi peuplé qu'une grande ville; il a ses propres foires et ses églises, de nombreuses rues, de beaux hôtels, ainsi que des jeux de paume. Beaucoup d'Allemands, tant gentilshommes qu'étudiants, prennent pension dans ce faubourg chez des personnes distinguées; j'en ai vu plusieurs à mon retour des Pays-Bas. La principale église de ce faubourg est l'église *Saint-Germain-des-Prés,* construite par Childebert, qui y est inhumé, ainsi que sa femme[5]. On y voit également la tombe de Chilpéric et de sa femme Frédégonde[6]. On y célèbre tous les ans une grande fête pendant laquelle, afin de rendre fécondes les femmes stériles, ou celles qui accouchent difficilement, le prêtre leur entoure les

---

1. Il s'agit ici des portes de l'enceinte de Charles V. Ce n'est en effet qu'en 1634 que les nouveaux bastions ont été terminés entre la porte Saint-Denis et la porte de la Conférence. Voyez Alfred Bonnardot, *Dissertations archéologiques sur les anciennes enceintes de Paris,* p. 184.

2. Voyez p. 28.

3. Les bastions n'étaient achevés que du côté de la Bastille.

4. Le faubourg Saint-Antoine n'existait pas encore, la rue actuelle du faubourg Saint-Antoine était encore désignée en 1632 sous le nom de *Chaussée Saint-Antoine* (voyez Jaillot, *Recherches sur Paris,* t. III; *Quartier Saint-Antoine,* p. 38).

5. Le tombeau de Childebert est aujourd'hui au musée du Louvre.

6. Ces tombeaux sont aujourd'hui au musée de Cluny.

épaules et le corps avec une ceinture; et elles accomplissent cette cérémonie avec la plus grande ferveur[1]. Comme je l'ai déjà dit, on adorait autrefois sur l'emplacement de cette église la déesse Isis d'Égypte[2].

Le deuxième faubourg est celui de *Saint-Michel*, où l'on peut voir le couvent des Chartreux.

Le troisième faubourg est celui de *Saint-Jacques*, où il y a beaucoup d'églises et d'hôpitaux; on a construit dans le voisinage un moulin à vent comme on en trouve beaucoup tout autour de Paris[3].

Le quatrième, celui de *Saint-Marceau*, est très grand, très peuplé, et on y trouve aussi beaucoup d'églises.

Dans le cinquième, celui de *Saint-Victor*, se trouve l'église du même nom; on y lit l'inscription suivante :

PETRI COMESTORIS.

*Petrus eram, quem petra tegit, dictusque Comestor*
*Nunc comedor; vivus docui, nec cesso docere*
*Mortuus, ut dicat, qui me videt incineratum :*
*Quod sumus iste fuit, erimus quandoque quod hic est*[4].

---

1. Il s'agit ici de la ceinture de sainte Marguerite; cette ceinture avait été volée le 6 septembre 1556, et il n'en restait plus qu'un « petit fragment. » (Dom Bouillart, *Histoire de l'abbaye royale de Saint-Germain-des-Prés*, p. 188.) Cet historien cite également (p. 214, 256, 257, 275) plusieurs actes de dévotion accomplis à Saint-Germain-des-Prés par des reines de France et des princesses de la famille royale à la suite de couches; voyez aussi les figures G et L de la planche 19. On peut consulter aussi *la Vierge Marguerite substituée à la Lucine antique*, analyse d'un poème inédit du xvᵉ siècle, suivie de la description du manuscrit et de recherches historiques par un Fureteur (Paris, 1885, in-8°). La chapelle de Sainte-Marguerite, où avait dû être déposée la précieuse relique, était du côté méridional de l'église (voyez Piganiol de la Force, *Description de Paris*, t. VIII, p. 50). La statue de sainte Marguerite avait été donnée par Marie de Médicis, elle avait été achevée le 10 janvier 1608. (Jacques Du Breul, *le Théâtre des Antiquitez de Paris*. Paris, 1612, p. 317.)

2. Voyez p. 7.

3. Il s'agit peut-être ici du moulin des Gobelins, que le plan de du Cerceau place aux environs de la rue Claude-Bernard actuelle.

4. Pierre le Mangeur, chancelier de l'église de Paris, né à Troyes, mort à

On peut lire encore dans l'église :

## M. ADÆ DE S. VICTORE.

*Hæres peccati, natura filius iræ,*
  *Exiliique reus nascitur omnis homo.*
*Unde superbit homo, cujus conceptio culpa,*
  *Nasci pœna, labor vita, necesse mori ?*
*Vana salus hominis, vanus decor, omnia vana,*
  *Inter vana nihil vanius est homine ;*
*Dum magis alludit, præsentis gloria vitæ*
  *Præterit, imo fugit ; non fugit, imo perit.*
*Post hominem vermis, post vermem fit cinis, heu, heu !*
  *Sic redit ad cineres gloria nostra simul.*
*Hic ego, qui jaceo, miser et miserabilis Adam,*
  *Unam pro summo munere posco precem.*
*Peccavi fateor, veniam peto, parce fatenti ;*
  *Parce, pater ; fratres, parcite ; parce Deus* [1] *!*

J'aurais eu à décrire encore beaucoup d'autres belles églises et
beaucoup d'hôpitaux ; il n'y en a pas à Paris moins de cent trente-
neuf, mais, comme on peut trouver ces renseignements ailleurs,
je n'ai pas cru devoir les répéter ici.

Les sixième, septième, huitième et neuvième faubourgs
touchent à la ville ; on y voit également beaucoup de rues, beaucoup d'églises, de palais, de maisons, avec jardins d'agrément
ainsi qu'un grand nombre de couvents. La population y est très
nombreuse. Lorsque le roi assiégeait Paris et que les Ligueurs
et les Espagnols occupaient la ville, il avait en son pouvoir
presque tous les faubourgs, et pourtant il ne se décidait jamais à
entrer dans la ville. Il craignait sans doute le danger en tentant
l'assaut, et, en raison de l'importance de la population, de causer
des désastres dans la ville ou de l'exposer au pillage. Le roi aime

---

Paris le 21 octobre 1185 ; cf. Piganiol, t. V, p. 275. Cette épitaphe, maintes
fois imprimée, se trouve dans la *Bibliotheca latina med. et inf. ætatis* de
Fabricius (éd. Mansi), t. I, p. 404.

1. Adam de Saint-Victor, mort le 8 juillet 1177 ; cf. Piganiol, t. V, p. 277.
Cette épitaphe, plusieurs fois imprimée, se trouve dans le *Thesaurus epitaphiorum* du P. Labbe, p. 81.

en effet à avoir parmi ses partisans de riches bourgeois, afin d'en
tirer profit. On compare la France à un mouton d'or que le roi
fait tondre chaque fois qu'il a besoin d'argent.

Je suis arrivé à Paris le 28 juillet au matin, comme je l'ai dit
plus haut, je me suis logé au faubourg Saint-Jacques, « A l'image
de Notre-Dame, » le 29, je m'installais chez un cabaretier de la
rue Saint-Denis, vis-à-vis l'église Saint-Jacques[1], à l'enseigne de
« la Cage de fer. » Le 3o et le 3 1, j'ai vu et décrit ce que j'ai dit
plus haut. Le 1er août, feu Léo Curis me montra, dans son logement
de la rue des Lavandières, derrière le Châtelet, vis-à-vis de l'Étoile,
sa collection de pierres précieuses et d'antiquités artistiques.
Le 2 août, je recevais de l'argent du sieur Piquet, commerçant,
et je remplissais une lettre de change pour qu'il pût la toucher à
Francfort. Du 3 au 9, je suis resté à Paris; j'y ai vu beaucoup
de choses, j'ai acheté les vêtements et les objets dont j'avais besoin
pour mon voyage dans les Pays-Bas et en Angleterre.


## Voyage de Paris a Saint-Germain[2].


Le 28 novembre, je quittai Paris avec plusieurs personnes et
j'arrivai par le village de Roully[3] au port de Nelly[4]; la Seine
a deux bras en cet endroit, nous les avons traversés tous les deux.
Nous sommes arrivés au bourg de Nanterre, et nous avons

---

1. L'église Saint-Jacques de l'Hôpital.

2. M. Charles Normand a publié en allemand quelques extraits que je lui
ai communiqués de cette partie du voyage de Platter (*l'Ami des monuments*,
t. IX, p. 65). Pour tout ce qui concerne le château neuf, on lira avec intérêt l'étude qu'a publiée notre confrère ainsi que les planches qui l'accompagnent, reproduites d'après les vues de Silvestre et celles de Pérelle.
Abandonné par Louis XIV, le château neuf fut attribué comme résidence à
Jacques II, roi d'Angleterre. Délaissé par Louis XV, il fut donné en apanage
par Louis XVI à son frère, le comte d'Artois, qui le fit démolir. Pour ce qui en
subsiste, voyez la notice de M. Nap. Laurent, dans le t. VII des publications
de la *Commission des Antiquités et des Arts du département de Seine-et-
Oise*, 1887, p. 174 et 175.

3. Le village du Roule.

4. Neuilly ou Nully, comme on disait alors. Le pont n'a été construit que
dix ans plus tard (1609), à la suite de l'accident arrivé le 9 juin 1606 au roi
et à la reine (voyez le *Journal* de L'Estoile, éd. de la Librairie des biblio-
philes, t. VIII, p. 223).

retrouvé le fleuve au village du Pecq, où nous avons traversé de nouveau les deux bras de la Seine. Enfin, en gravissant là une colline, nous sommes arrivés à la ville ou au bourg de Saint-Germain-en-Laye, et nous sommes descendus à l'hôtel de l'Image de Notre-Dame. La ville est située à quatre lieues de Paris.

Saint-Germain-en-Laye est une ville ou un bourg où il n'y a rien de remarquable à voir, à l'exception de ses deux magnifiques châteaux royaux, le vieux et le neuf, et c'est pour les voir que j'y suis allé; ils sont tous deux à proximité de la Seine.

Le 29 novembre au matin, car nous étions arrivés la veille, fort tard dans la soirée, nous avons visité le vieux château, que le roi n'habite plus, mais qui n'en est pas moins un château royal.

Le toit est garni de grosses pierres de taille et est tout à fait plat; les quatre façades sont en briques.

A l'intérieur, il y a un bel escalier tournant qui est très vaste, et on y voit de jolies salles. Autour du château se trouve un beau jardin, dans lequel sont des faisans, des pigeons indiens, des poules étrangères et toute espèce de volaille exotique. Il y a, près du château, un jeu de paume et un parc de deux lieues de long, qui s'étend jusqu'au château neuf.

Nous sommes allés ensuite visiter le château neuf, qui n'est pas fort éloigné du vieux. La partie postérieure de l'édifice est attenante à un vignoble, tandis que la partie antérieure touche au vieux château. Dans la grande salle, il y a beaucoup de beaux tableaux; on y remarque notamment un petit cadre accroché au mur et peint des deux côtés; quand on regarde du bas ce petit tableau, il représente une chasse, mais si on le regarde dans une glace, qui est adossée au plafond, on voit deux amoureux qui s'embrassent. C'est un tableau peint avec beaucoup de talent; il en est de même du reste de tous les objets d'art qui se trouvent dans cette salle. Le château a deux étages; le roi a, m'a-t-on dit, l'habitude de loger à l'étage inférieur, où les salles communiquent entre elles. Si on avait élevé plus haut la construction, on aurait eu à craindre le vent, le château se trouvant sur une haute montagne. Le toit, autant que je puis m'en souvenir, est recouvert avec des ardoises de peu d'épaisseur.

En sortant du château par la porte de derrière, j'ai vu une galerie magnifique, qui conduisait par deux larges escaliers de pierre au parc d'agrément, que l'on peut parcourir tant à cheval qu'en voiture. Tout au haut de l'escalier se trouve un balcon, qui donne accès au château, et d'où on a non seulement une belle vue sur le paysage environnant, mais d'où on embrasse également d'un coup d'œil les fontaines et les jets d'eau de la cour et du parc. Sous ce balcon et cet escalier se trouve un souterrain construit avec beaucoup d'art, au milieu duquel a été élevée une fontaine avec des coquillages et des coraux; un griffon projette l'eau, et des rossignols, mus également par l'eau, chantent très agréablement. Sur le côté droit, on nous conduisit dans une grotte[1], où on a installé plusieurs jets d'eau avec beaucoup d'ingéniosité et comme je n'en avais jamais vu auparavant. Ces jets d'eau sont recouverts tant en haut que sur les côtés d'ambre fondu, que l'on a fait venir de la mer et des mines. On y voit toutes sortes de coquillages, des moules bizarres, des coraux, mêlés à de belles pierres. Lorsqu'on fait marcher les jets d'eau, l'eau sort du rocher et de toutes les statues, qui y ont été placées avec beaucoup de goût, en sorte que le spectacle est fort pittoresque et fort curieux. Le sol est pavé, autant que je m'en souviens, de petits cailloux de couleur; il se compose d'une foule de petits tuyaux, qui élèvent l'eau jusqu'à la voûte, d'où elle retombe sur le sol sous forme de forte pluie, en sorte qu'on ne peut rester ni en haut ni en bas sans se mouiller.

Les murs ont beaucoup de cavités où l'on a placé de nombreuses figures en métal, en marbre, en coquillages et autres; presque toutes lancent des jets d'eau. Il y a beaucoup de personnages qui se meuvent; ainsi on voit des forgerons courir et frapper sur une enclume, des oiseaux chanter, tout en remuant la tête et les ailes, on voit aussi des lézards, des grenouilles, des serpents et autres animaux posés par-ci par-là sur les pierres et lancer de l'eau, en faisant des mouvements quelconques. Si je ne me trompe, il y a au milieu de la grotte un Neptune, dieu de la mer, avec son trident, qui sort de l'eau, debout sur un char. On le voit paraître à la surface, en sortir, tourner de nouveau sur lui-même pour disparaître encore.

---

1. Voyez, pour les grottes, André Duchesne, *les Antiquitez et recherches des villes, chasteaux et places plus remarquables de toute la France*, seconde édition (Paris, 1614, in-8°), page 219, et *Discours de l'estat du royaume de France* (1629), page 66. Il en subsiste encore une sous le pavillon Henri IV.

Sur le côté gauche de l'escalier ou balcon, on construit encore une autre voûte ou grotte pour y placer un orgue. Dans un mur on a disposé des roses jaunes, en coquillages, qui se détachent sur un fond noir. En somme, il y a tant de belles choses à voir qu'il ne m'était plus possible de tout noter en si peu de temps. On m'a montré également une grande quantité d'ambre, de coquillages, de coraux et de plantes, que le grand duc de Florence a envoyés à Sa Majesté pour décorer encore d'autres grottes.

En sortant de ces grottes, nous vîmes dans la cour une fontaine superbe qui lançait l'eau avec une telle force qu'elle s'élevait en un seul jet à la hauteur de deux hommes. L'eau faisait tant de bruit en tombant que l'on croyait entendre un coup de mousquet. Plus haut, il y avait aussi deux fontaines qui n'étaient pas encore terminées. Le roi a fait venir spécialement pour ce travail un Italien qui a construit ces grottes et ces fontaines[1], et on peut dire qu'il a fait de fort belles choses. On voit notamment, dans la grotte où est l'orgue, une table de l'intérieur de laquelle sort l'eau sous forme d'une potence, et ainsi qu'une épée, elle retombe à

---

1. Cet Italien n'est autre que Thomas Francini, père de Jean-Nicolas de Francine et aïeul de Pierre de Francine; ce dernier est l'auteur de la plupart des travaux hydrauliques exécutés à Versailles. M. Le Roi dit que c'est Marie de Médicis qui, se souvenant des effets d'eau des jardins de Florence, a eu l'idée de faire venir Francini pour en posséder de semblables dans le château neuf (*Histoire de Versailles*, t. I<sup>er</sup>, p. 102). M. Victor Bart, dans une communication sur les Francini et leur œuvre, faite en 1895, à la réunion des Sociétés des beaux-arts des départements (*Compte-rendu*, p. 518), réfute cette opinion en établissant que, dès 1600, Thomas Francini avait reçu ses lettres de naturalisation, et que le mariage de Henri IV étant postérieur à ces lettres, la reine ne pouvait y être pour rien. C'est, du reste, ce que confirme Platter qui, dès 1599, énumère les travaux accomplis par Francini. Notre confrère M. Coüard, à la réunion des Sociétés des beaux-arts de l'année précédente (*Compte-rendu de 1894*, p. 1459), avait, du reste, publié de nombreux documents sur Thomas Francini. Né à Florence, le 5 mars 1572, Henri IV l'avait fait demander vers 1598 au grand-duc de Toscane, et lui avait accordé, en février 1600, des lettres de naturalité. En 1604, il achetait une maison à Saint-Germain, et s'y mariait avec Louise Porcher, le 22 août 1606. En 1623, il habitait Paris, rue Grenier-Saint-Lazare, et enfin, par lettres patentes du 28 février 1623, le roi lui accordait la charge d' « intendant des eaux et fontaines » de ses maisons et châteaux. Il mourait à Paris, rue Traversante (*sic*), le 15 avril 1651.

l'endroit d'où elle était sortie. Cet architecte doit construire également, avec un goût extraordinaire, dans le jardin, une grotte sans eau.

Le jardin qui y attenait par derrière n'était autrefois qu'une prairie coupée par de belles allées et ornée de belles plantes. D'après ce que j'ai entendu dire, le vignoble, jusqu'à la rivière, doit être réuni au jardin.

Après avoir vu tout cela et après avoir dîné, nous sommes revenus par la même route. Comme nous passions devant le château royal de *Madrid*, nous nous sommes arrêtés pour le visiter. C'est un château que le roi François Ier a fait construire en souvenir de Madrid, la ville d'Espagne. A l'extérieur il est orné d'une quantité de plaques de marbre. A l'intérieur se trouvent beaucoup de grandes et belles salles, mais elles n'étaient pas meublées, parce que le roi y a habité très peu de temps[1].

Ensuite, nous revînmes à Paris, et nous logeâmes au Grand-Cerf, dans la rue Saint-Denis.


### Voyage a Saint-Denis.


Le 3o novembre, je me rendis avec plusieurs personnes de Paris à Saint-Denis. En route, nous vîmes un certain nombre de tours appelées pyramides, sur lesquelles ont été sculptées des figures[2]. On raconte que, lorsque le roi Louis V allait à pied de Paris à Saint-Denis, il se serait reposé à chacune de ces pyramides, et, suivant d'autres, ce seraient les porteurs qui s'y seraient arrêtés pour reprendre haleine, lorsqu'ils conduisaient les rois à leur dernière demeure. Il y a également sur la route une croix près de laquelle le recteur de l'Université de Paris organise tous les ans une fête à l'époque de la foire du *Landit*[3].

En dehors des six autres foires qui se tiennent à Paris, il y en

---

1. Pour le château de Madrid, voyez le travail du comte de Laborde (Paris, 1855, in-4°).

2. Voyez le discours prononcé en 1896 par M. J. Lair à l'assemblée générale de la Société de l'histoire de Paris (*Bulletin*, t. XXIII, p. 110).

3. Voyez, sur le Landit et sa foire, ce que dit l'abbé Lebeuf, *Histoire de la ville et du diocèse de Paris* (éd. de 1883), t. I, p. 537; et en particulier ce qu'il dit de la visite du recteur au champ du Landit, page 552.

a une appelée le *Landit ;* elle se tient tous les ans à cet endroit le mercredi après la Saint-Barnabé, et elle se termine le 23 juin.

Après avoir traversé la Chapelle, nous sommes arrivés à la ville de Saint-Denis, qui est à deux lieues de Paris, nous avons logé au Grand-Cerf[1].

### Saint-Denis.

Cette ville est située dans un marais et est entourée d'un fossé plein d'eau. Son patron est saint Denys; on peut l'appeler le mausolée des rois de France. Il y a environ trente-deux à trente-trois tombeaux; les plus importants sont ceux de Louis XII et de François Ier.

Il n'y a, dans la ville, rien de remarquable à voir, à l'exception de l'église, du trésor royal et des autres objets qui y sont conservés. L'église est très curieuse en raison de son architecture et de sa construction. Elle a trois cent quatre-vingt-dix pieds de long environ, quatre-vingts pieds de large, et repose, jusqu'à l'escalier tournant, sur soixante piliers. Au milieu du chœur a été élevée la tombe du roi Charles[2], en bronze. A droite, se trouvent Clodomir et le fils de Dagobert, ainsi que Charles-Martel; à gauche reposent Hugues-Capet et Othon. Leurs tombes sont en beau marbre blanc. Au milieu de l'église est un autel sur lequel s'élève le corps de saint Denys, dans un cercueil d'argent. Ce saint vint d'Athènes en France; converti par Paul, il convertit à son tour les Français au christianisme, c'est pourquoi on l'appelle aussi l'apôtre des Français. Dans une autre partie du chœur, onze autres tombes ont été placées; il y en a quatre à gauche et sept à droite. A gauche ont été inhumés Philippe le Hardi, Philippe le Bel, une reine, Pépin et sa femme; au-dessous se trouvent Louis et Carloman, fils naturels de Louis le Bègue. A droite repose Louis, Henri, Robert, ainsi que sa femme; à leurs pieds Carloman, fils de Pépin, frère de Charlemagne. Sur le côté vient ensuite Charles VIII, dont la tombe est partie en airain, partie en marbre blanc. Dago-

---

1. Il y a encore sur la place aux Gueldres un hôtel du Grand-Cerf.

2. C'était le tombeau de Charles le Chauve, il a été fondu, comme tant d'autres monuments de Saint-Denis, en vertu du décret du 16 août 1792; voyez, pour sa description, Félibien, *Histoire de l'abbaye royale de Saint-Denis-en-France,* p. 554.

bert y est également enterré; c'est lui qui fonda l'église, et on peut
y lire l'épitaphe suivante :

> Fingitur hac specie bonitatis odore refertus,
> Istius ecclesiæ fundator rex Dagobertus,
> Justitiæ cultor cunctis, largus dator æris;
> Affuit et sceleris ferus et promptissimus ultor.
> Armipotens bellator erat velutique procella
> Hostes confregit, populosque per arma subegit[1].

A droite reposent en outre : Jean II, Philippe de Valois,
Charles le Bel et Philippe le Long. En dehors du portail, au-dessus de la chapelle de Charles V, on voit les tombeaux de François Ier et de Jean de Bourbon, ceux de Charles VI, de Charles VII, de Louis XII, de Henri II, de François II et de
Charles IX[2]. Dans une chapelle, appelée *chapelle Saint-Laʒare*,
située vers le nord, on voyait, dans une cavité du mur, la lèpre que
le Christ a enlevée de la figure d'un lépreux et qui est encore
soigneusement conservée à Paris.

### *Reliques conservées à Saint-Denis*[3].

1° Le corps de saint Denis et de ses deux compagnons; les
têtes sont recouvertes d'or.

2° Un cercueil en argent avec des ossements de saints.

3° Une châsse en argent, dans laquelle doit être l'un des clous
qui a servi à transpercer le pied du Christ.

4° Le bras de saint Siméon.

5° La chevelure de sainte Marguerite.

---

1. La statue de Dagobert, ainsi que celle de ses deux fils, semblent avoir
été faites du temps de saint Louis; elles étaient toutes les trois dans le
cloître. Voyez Félibien, *Histoire de l'abbaye royale de Saint-Denis-en-
France*, p. 551.

2. Ces tombeaux se trouvaient dans la chapelle des Valois. Voyez la *Sépulture des Valois à Saint-Denis*, par M. A. de Boislisle (*Mémoires Soc.
Paris*, t. III, p. 241).

3. Pour les reliques conservées autrefois à Saint-Denis, voyez Millet, *le
Trésor sacré de Saint-Denis*, p. 105; Félibien, *Histoire de l'abbaye royale
de Saint-Denis*, p. 540; et Doublet, *Histoire de l'abbaye de Saint-Denis-en-
France* (1625), p. 168, 284, 355.

6° Un fragment de bois provenant de la sainte Croix, enchâssé dans de l'argent doré.

7° Deux grandes croix en or, de deux pieds de long, et enchâssées de diamants.

8° Un cercueil en argent renfermant le corps de Louis IX.

### *Le Trésor royal*[1].

Un moine nous a montré d'abord dans l'église, dans un pilier et dans un tout petit coffre, une corne de licorne tout entière, qui est plus longue que celle de Windsor ; elle a plus de six pieds et demi de long et pèse vingt-cinq livres. On l'estime à cent mille couronnes. On nous fit voir ensuite une lanterne, qui aurait été entre les mains des Juifs sur le mont des Oliviers et qu'aurait portée Malchus, à qui saint Pierre a coupé une oreille. Il y a ensuite une très grande pierre en porphyre, de la forme d'une écuelle, ayant deux pieds de large et autant de haut (*modium aquæ continet*) ; une cuvette en jaspe, dans laquelle le roi Dagobert se serait lavé, et qui sert maintenant pour l'eau bénite ; sur les bords ont été sculptées des têtes de dieux païens. Après nous avoir·conduits dans une grande salle, un moine ouvrit un coffre à l'aide de quatre clefs et nous montra ce qui suit :

1° La tête et les bras de saint Benoît, enchâssés dans de l'argent doré et garnis de pierres précieuses.

2° La mâchoire de saint Louis, enchâssée dans de l'argent.

3° Un fragment de l'épaule de saint Jean-Baptiste, enchâssée dans de l'argent doré.

4° Des reliques de saint Nicolas, de saint Pantaléon et du prophète Isaïe.

5° La chevelure de la vierge Marie.

6° Des reliques de sainte Catherine et de saint Louis, évêque de Marseille.

---

1. Pour le trésor royal, voyez Millet, *le Trésor sacré de Saint-Denis*, p. 85, et Félibien, *Histoire de l'abbaye royale de Saint-Denis*, p. 536. Cf. également le *Trésor de l'abbaye royale de Saint-Denis-en-France, qui comprend les corps saints et autres reliques précieuses qui se voient tant dans l'église que dans la salle du Trésor* (Paris [M DCC LXXXIII], in-8°).

7º Le doigt que saint Thomas a placé sur la blessure de Jésus-Christ.

8º La couronne de saint Louis, en or pur et garnie de diamants, parmi lesquels se trouve une pierre de vingt-cinq mille couronnes ; quelques-uns prétendent qu'elle a appartenu à Charles IX.

9º La couronne en or d'une reine, ainsi qu'une petite couronne également en or.

10º Deux couronnes royales faites avec le meilleur or, exécutées sur l'ordre du roi actuel, Henri IV.

11º Plusieurs beaux vases à boire, en agate orientale.

12º Une aiguière, qui doit provenir de la table du roi Salomon ; elle est ornée de sculptures représentant des scènes historiques, elle est estimée trente mille couronnes.

13º Le sceptre royal et la main de justice du roi saint Louis, en argent.

14º Une épée royale en or.

15º Le sceptre du roi actuel, qui lui fut donné le jour de son couronnement et qui est tout en or.

16º Le bâton en vermeil du chantre.

17º Un tableau en or orné de nombreuses reliques.

18º Une petite croix faite avec du bois de la sainte Croix.

19º Un calice en or, orné de pierres précieuses, provenant du roi Salomon.

20º Un morceau de la robe du chantre, avec un rubis estimé cent cinquante mille couronnes, et par d'autres à dix mille seulement.

21º Un morceau du manteau de Dagobert, extrêmement précieux.

22º Une chemise précieuse de Dagobert, des bottes de velours noir orné de lis en or et de pierres précieuses, ainsi que des éperons en or.

23º L'épée royale qui servait lors du couronnement des souverains.

24º L'épée que Charlemagne avait l'habitude de porter pendant le combat.

25º Un manteau royal, ou une robe de satin blanc brodée d'or et ornée de grandes perles blanches ; à côté se trouve l'habit de Henri IV.

26° Le cor jaune de Roland, ayant deux brasses de long et d'épaisseur.

27° Le casque en or porté par Henri II pendant le tournoi où il fut tué; on voit au-dessus un morceau de la lance ensanglantée qui l'a transpercé.

Au-dessus des objets qui viennent d'être mentionnés se trouvent les portraits de quelques rois. En bas, près de la porte, j'ai vu une fontaine en pierre exécutée d'une façon très artistique. J'ai vu également la statue en marbre blanc de la reine mère[1]; elle est représentée nue, car elle sera placée à côté de celle de son époux, auprès duquel elle a voulu être inhumée. Mais cela n'avait pas encore eu lieu à cette époque, car je l'ai vue à Blois et elle n'avait pas encore été ensevelie dans son cercueil.

Lorsque les rois veulent entreprendre un voyage hors de France, ils se rendent d'abord à Saint-Denis pour s'y recommander à tous les saints.

Après avoir tout visité et après avoir dîné dans ce bourg, nous avons regagné Paris et l'auberge du Grand-Cerf. En route, nous vîmes de nouveau la grande potence à seize colonnes, tout près de Paris; on l'appelle « Faucon, » parce qu'un oiseau de ce nóm fut le premier qu'on y pendit[2].

Du 1er au 24 décembre, je séjournai à Paris, où je vis les choses ci-dessus mentionnées[3]. Pendant ce temps, j'ai assisté à l'entrée du duc de Savoie, qui espérait être reçu solennellement à Fontainebleau, où résidait en ce moment le roi. Le roi se préparait à partir pour la chasse, lors de l'arrivée du duc dans la ville; il l'emmena en conséquence avec lui à Fontainebleau[4].

---

1. Catherine de Médicis. Voyez, sur ce tombeau, sculpté par Jérôme della Robbia, les renseignements fournis par M. de Boislisle, *la Sépulture des Valois* (*Mémoires Soc. Paris*, t. III, p. 247).

2. Étymologie fantaisiste, qui, en tout cas, n'a été donnée par personne. Voyez A. de Lavillegille, *des Anciennes fourches patibulaires de Montfaucon* (Paris, 1836, in-8°); Firmin Maillard, *le Gibet de Montfaucon* (Paris, 1863, in-8°).

3. Notre auteur renvoie au fol. 475 du manuscrit, là où commence la description de Paris.

4. Charles-Emmanuel Ier, duc de Savoie, est arrivé à Fontainebleau le 14 décembre 1599; il y est resté sept jours et en est reparti le 21, date de son entrée à Paris. Il quitta définitivement cette ville le 7 mars; il n'avait pas

Quelques jours plus tard, il fit son entrée à Paris, avec deux cents chevaux et toute sa suite, élégamment parée. Ils achetèrent beaucoup de vêtements et de provisions de bouche, ce qui plut beaucoup aux Français; mais ces derniers ne voulurent pas les imiter et se moquèrent des Savoyards.

Je suis allé à la salle d'audience du Parlement lorsque le roi y introduisit le duc de Savoie, et j'ai assisté à une affaire importante. On avait arrêté, dans une maison bourgeoise, un individu que l'on accusait d'y avoir assassiné un percepteur de la ville; on lui fit subir la torture, et, peu après, il fut reconnu innocent, un autre avait commis le meurtre; ce dernier, ayant avoué volontairement, fut emprisonné et exécuté.

On m'a dit aussi, à ce moment, qu'à l'intérieur du Palais ou de la salle d'audience personne ne devait porter de bottes, d'éperons, ni d'armes, afin d'éviter tout complot ou tout projet de fuite à cheval, ou, d'autre part, afin de ne pas déchirer les habits des personnes qui se trouvent dans la salle; il y a, en effet, tous les jours beaucoup de personnes qui s'y promènent.

### De l'attouchement des écrouelles.

Le 25 décembre, jour de Noël, j'ai vu le roi de France et le duc de Savoie se diriger en voiture vers l'église Notre-Dame de Paris, comme le roi le fait tous les ans, ainsi que je l'ai appris. Sur toute la route on criait : « Vive le Roi ! » Après la grand'messe, les souverains se rendirent ensemble de l'église au château royal du Louvre, où plus de cent malades, hommes et femmes, tant Français qu'Espagnols, attendaient Sa Majesté Royale. Ils étaient atteints des écrouelles[1] et étaient rangés dans une grande

---

accepté l'invitation du roi et n'avait pas logé au Louvre, mais dans une maison de la rue de Nevers (voyez *Mémoires-Journaux de Pierre de L'Estoile* (Paris, 1875-1883), t. VII, 1; *Supplément au journal du règne de Henry IV*, p. 358-365.

1. Pour la guérison des écrouelles par attouchement royal, cf. *Discours des escrouelles,...* composé en latin par M. André du Laurens, sieur des Ferrières, conseiller et premier médecin du Roy, et translatez en françois par Théophile Gelée, médecin ordinaire de la ville de Dieppe (*Œuvres de du Laurens*, traduites par Th. Gelée (Paris, 1639, in-fol., pages 91 à 260). L'édition originale : *De mirabili strumas sanundi vi solis Galliæ Regibus*

salle donnant sur la cour. J'y suis entré, grâce aux Suisses du Roi, qui est gardé, en raison de la foule nombreuse qui s'y trouve. Dès que le souverain eut fait son entrée dans la salle, tous les malades s'agenouillèrent en cercle; le roi alla de l'un à l'autre, en touchant, avec le pouce et l'index, le menton et le nez de chaque malade. Puis il toucha avec les mêmes doigts les deux joues, les mettant ainsi en forme de croix et en disant, au premier signe : « le Roi te touche, » et au second : « Dieu te guérit. » Il a fait le signe de la croix sur le visage de chacun; ensuite son aumônier, qui le suivait, a remis à tous les malades cinq sous, ce qui équivaut, à ma connaissance, à un franc. Tous les malades avaient le bon espoir d'être guéris par cet attouchement. Cette coutume date de l'époque de saint Louis. On prétendait que lorsque l'attouchement du roi ne guérissait pas, c'était que ce roi n'était pas légitime, car Dieu accordait aux véritables souverains la faveur de guérir tout le monde.

Quelques personnes prétendent qu'en Angleterre également le Roi a eu le même pouvoir de conjurer cette maladie par le même

---

*Christianissimis divinitus concessa...* (Paris, 1609, pet. in-8°), contient une grande planche intitulée : « Représentation au naturel, comme le Roy très chrestien Henry IIII, Roy de France, touche les escrouelles. » Cette planche se trouve au Département des Estampes de la Bibliothèque nationale, dans la Collection Hennin, XIV, pl. 5.

Ainsi qu'on peut le voir dans cet ouvrage, cette cérémonie avait lieu régulièrement à Pâques, à la Pentecôte, à la Toussaint et à Noël; « mais, quelquefois touché de compassion par la grande multitude des malades, il [le Roi] les touche aussi en quelques autres festes. » Il se faisait assister des médecins qui distinguaient les véritables scrofuleux des autres malades et éloignaient ces derniers. Il se préparait dès la veille par la prière, puis le jour même il se confessait et communiait, avant de passer dans la salle où les malades l'attendaient. Selon le témoignage de Guillaume de Nangis, cette coutume remontait à saint Louis. Charles X est le dernier souverain qui ait pratiqué cet attouchement.

Voyez également le mot *Écrouelles* dans le *Dictionnaire philosophique* de Voltaire; dans l'*Encyclopédie* (article du chevalier de Jancourt); dans le *Dictionnaire critique de biographie et d'histoire* de Jal (Paris, 1874, in-8°); l'*Intermédiaire des Chercheurs et Curieux* (1880), col. 82-84 et 361; l'article de MM. A. Chéreau et Dechambre dans le *Dictionnaire encyclopédique des sciences médicales*, publié sous la direction de A. Dechambre, t. XXXII de la première série (Paris, 1885, in-8°), page 481; enfin l'article de M. E. Brissaud dans la *Gazette hebdomadaire de médecine et de chirurgie*, feuilleton du 24 juillet 1885.

moyen, et il paraît qu'il remettait à chaque personne après l'attouchement . . . . . . . . . .[1]. D'autres affirment que chaque septième
enfant mâle possède également ce pouvoir, à condition qu'il n'y
ait pas eu de filles entre les sept garçons. Mon avis est que cette
cure peut s'obtenir par les voyages et la sobriété aussi bien que
par l'attouchement de Sa Majesté Royale, et que les souverains
maintiennent et augmentent la possession de ces bienfaits à ceux
qui les possèdent déjà.

Du 20 novembre au 19 janvier, j'ai logé et j'ai pris pension
dans différents endroits, et la plupart du temps chez un Portu-
gais, non loin de la place Maubert, d'où on peut descendre à la
Seine par un escalier.

---

1. Le mot est illisible dans le texte.

Nogent-le-Rotrou, imprimerie DAUPELEY-GOUVERNEUR.